U0509855

深圳市第二批市级非物质文化遗产代表性项目名录

深圳市第一第二批市级非物质文化遗产代表性传承人名录

深圳市文体旅游局 主编

中国非物质文化遗产
CHINA INTANGIBLE CULTURAL HERITAGE

文物出版社

深圳市人民政府文件

深府〔2008〕279 号

关于批准并公布深圳市第二批市级
非物质文化遗产名录的通知

各区人民政府，市政府直属各单位：

根据《国务院关于加强文化遗产保护的通知》（国发〔2005〕42 号）、《国务院办公厅关于加强我国非物质文化遗产保护工作的意见》（国办发〔2005〕18 号）、《文化部关于加快建立我国非物质文化遗产名录体系的通知》（文社图函〔2006〕1389 号）的有关规定，经市文化遗产保护领导小组评定并向社会公示，现批准将《应人石的传说》等 14 个项目列入我市第二批市级非物质文化遗产名录，并予公布。

各区、各有关部门要高度重视非物质文化遗产保护工作，认真贯彻"保护为主、抢救第一、合理利用、传承发展"的指导方针，科学规划，进一步做好我市非物质文化遗产保护与管理工作，为弘扬我国的传统文化，推动社会主义文化大发展大繁荣做出新的贡献。

附件：深圳市第二批市级非物质文化遗产名录

二〇〇八年十二月十八日

附件

深圳市第二批市级非物质文化遗产名录
（14 项）

分类（代码）	序号	项目名称	申报地区或单位
民间文学（Ⅰ）共2项	1	应人石的传说	宝安区文化局
	2	望烟楼的传说	宝安区文化局
传统音乐（Ⅱ）共1项	3	观澜客家山歌	宝安区文化局
传统舞蹈（Ⅲ）共5项	4	坪山麒麟舞	龙岗区文化局
	5	坂田永胜堂麒麟舞	龙岗区文化局
	6	大船坑麒麟舞	宝安区文化局
	7	上川黄连胜醒狮舞	宝安区文化局
	8	松岗七星狮舞	宝安区文化局
传统手工技艺（Ⅳ）共2项	9	香云纱染整技艺	罗湖区文化局
	10	红釉彩瓷（满堂红）烧制技艺	宝安区文化局
传统医药（Ⅴ）共2项	11	骆氏腹诊推拿术	福田区文化局
	12	贾氏点穴疗法	盐田区文化局
民俗（Ⅵ）共2项	13	向南侯王诞祭典	南山区文化局
	14	下沙大盆菜宴习俗	福田区文化局

主题词：文化 非物质△ 遗产 通知

抄送：市委办公厅，市人大常委会办公厅，市政协办公厅，
市纪委办公厅，市中级人民法院，市检察院。

深圳市人民政府办公厅 　　　　　2008 年 12 月 23 日印发

（印 50 份）

深圳市文化局文件

深文〔2008〕139号

关于公布深圳市第一批市级非物质
文化遗产项目代表性传承人名单的通知

各区文化（体）局、光明新区社会事务办、市非物质文化遗产保护中心：

　　根据国务院办公厅《关于加强我国非物质文化遗产保护工作的意见》（国办发[2005]18号，以下简称《意见》）精神，为有效保护和传承市级非物质文化遗产，鼓励和支持市级非物质文化遗产项目代表性传承人开展传习活动，市文化局于2008年3月印发了深文[2008]45号《关于建立深圳市第二批市级非物质文化遗产名录的通知》，经各区申报、市级非物质文化遗产专家评审委员会评审、社会公示和复核，最后确定民间音乐等六大类18名深圳市第一批市级非物质文化遗产项目代表性传承人，现予以公布。

　　市级非物质文化遗产项目代表性传承人掌握并承载着非物质文化遗产的知识和精湛技艺，既是非物质文化遗产活的宝库，又是非物质文化遗产代代相传的代表性人物。各区要按照国务院办公厅《意见》的要求，认真贯彻"保护为主、抢救第一、合理利用、传承发展"的工作方针，鼓励和支持市级非物质文化遗产项目代表性传承人开展传习活动，建设中华民族共有精神家园。

　　附件：深圳市第一批市级非物质文化遗产项目18名代表性传承人名单

　　　（排名不分先后）

二〇〇八年五月二十九日

附件：

深圳市第一批市级非物质文化遗产项目代表性传承人名单

（共 18 名）

序号	项目类别	项目名称	申报地区	传承人姓名		
				姓名	性别	年龄
1	民间音乐	石岩客家山歌	宝安区	池官华	男	68
2		盐田山歌	盐田区	吴标	男	82
3	民间舞蹈	沙头角鱼灯舞	盐田区	吴天其	男	52
4			盐田区	吴观球	男	66
5		龙岗舞龙	龙岗区	罗海青	男	29
6		舞草龙	龙岗区	李容根	男	74
7		龙城舞麒麟	龙岗区	刘永富	男	81
8		黎围舞麒麟	罗湖区	廖瑞光	男	39
9		观澜舞麒麟	宝安区	张纪森	男	80
10		福永醒狮舞	宝安区	邓锦平	男	63
11	传统戏剧	万丰粤剧	宝安区	潘强恩	男	64
12	传统手工艺	客家凉帽	罗湖区	张航燕	男	53
13		凉帽、围裙带编织技艺	福田区	邓英莲	女	79
14	传统医药	平乐郭氏正骨医术	罗湖区	陈汴生	男	55
15	民俗	赛龙舟	宝安区	文琰森	男	70
16		大鹏追念英烈习俗（大鹏清醮）	龙岗区	黄福娣	女	78
17		黄氏宗亲祭典	福田区	黄英超	男	47
18		开丁节	南山区	徐业竹	男	46

深圳市文化局文件

深文〔2009〕151 号

关于公布深圳市第二批市级非物质
文化遗产项目代表性传承人名单的通知

各有关单位:

为有效保护和传承市级非物质文化遗产,鼓励和支持市级非物质文化遗产项目代表性传承人开展传习活动,根据《深圳市非物质文化遗产项目代表性传承人认定及保护办法》,经市非物质文化遗产专家委员会评审、社会公示和复核,确定传统音乐等五大类 14 名深圳市第二批市级非物质文化遗产项目代表性传承人,现予以公布。

附件:深圳市第二批市级非物质文化遗产项目代表性传承人名单

二〇〇九年六月十三日

主题词:文化　非物质文化遗产△　传承人△　通知

深圳市文化局	2009 年 6 月 13 日印发

附件：

深圳市第二批市级非物质文化遗产项目代表性传承人名单

序号	项目类别	项目名称	传承人			申报地区
			姓 名	性别	年龄	
1	传统音乐	大鹏山歌	欧进兴	男	71	龙岗区
2		龙岗皆歌	罗盘颂	男	62	龙岗区
3	传统舞蹈	大船坑麒麟舞	谢玉球	男	46	宝安区
4		松岗七星狮舞	文琰森	男	71	宝安区
5		舞草龙	何连胜	男	62	龙岗区
6		坂田永胜堂麒麟舞	张志明	男	50	龙岗区
7	传统手工技艺	香云纱染整技艺	欧阳小战	男	39	罗湖区
8		红釉彩瓷（满堂红）烧制技艺	刘权辉	男	43	宝安区
9	传统医药	骆氏腹诊推拿术	骆竞洪	男	82	福田区
10			骆仲遥	男	56	福田区
11		贾氏点穴疗法	陈荣钟	男	61	盐田区
12	民俗	南澳渔民娶亲礼俗	陈瑞琼	女	63	龙岗区
13		疍家人婚俗	苏玉莲	女	58	盐田区
14		"辞沙"祭妈祖大典	阮成洲	男	42	南山区

目录

深圳市第一第二批市级非物质文化遗产代表性传承人名录（以姓氏笔画为序）

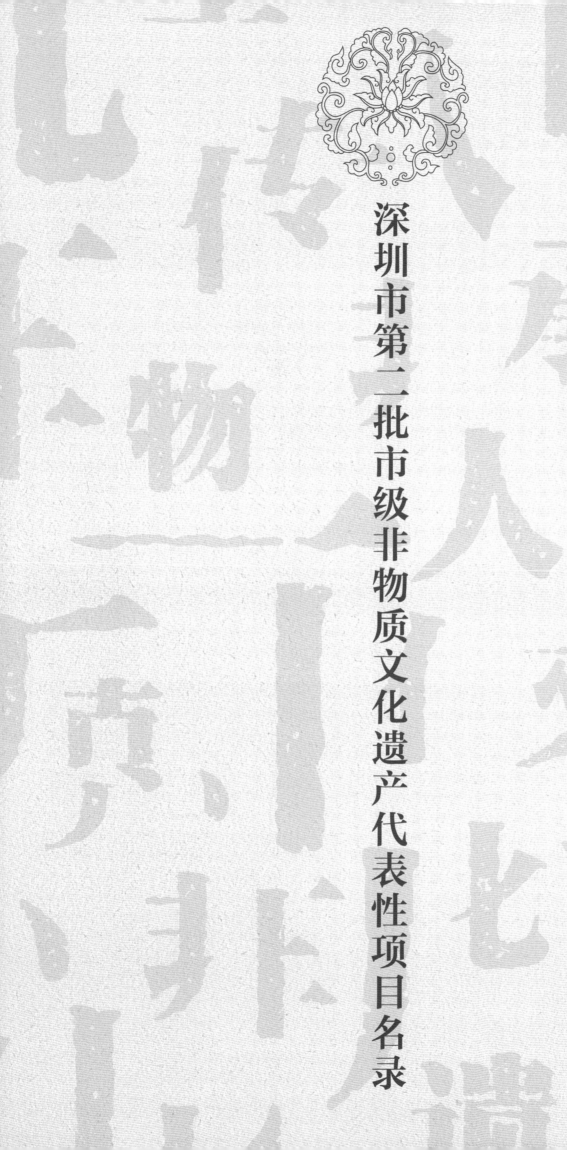

深圳市第二批市级非物质文化遗产代表性项目名录

民间文学

应人石的传说

望烟楼的传说

应人石的传说

保护单位：深圳市宝安区石岩街道文化体育中心

✽ 所在区域及其地理环境

石岩街道位于深圳市西北部，宝安区中部，总面积65.9平方公里，总人口50多万，其中原客家户籍人口10000余人。全境地势东南高，西北低，多为低山、平缓台地和阶地丘陵。羊台山是深圳西北部的第一高峰，主峰海拔587米。属亚热带海洋性气候区。是一个具有厚重客家文化底蕴的现代化新兴城镇，生态环境优美，同时，也是深圳市著名的花卉基地之一。

✽ 分布区域

应人石的传说分布在深圳市宝安区石岩街道客家人居住的七个社区，以及香港、澳门、台湾、东南亚等客家人聚居地。

叶恩麟先生指认传说中的应人石曾矗立在这座石头山上

✽ 历史渊源

据现年70岁以上的叶恩麟、刘天养、李友娇等本地老人介绍，位于乌石岩的应人石村（今石岩街道应人石社区）后的羊台山上，有两块大石头分别矗立在山岗上，远看好像一对互相遥望的夫妻。多少年来，人们有个习惯：只要遇上不顺心的事都会爬上山去向石头求个吉利，听说多有"灵验"。后来，人们把它们尊为一对有"灵性"的奇石。

据叶恩麟老人介绍，南越王赵佗的后裔赵标从龙川佗城前来乌石岩一带讨伐土匪流寇，查禁贩卖私盐的商人。赵标带领一支精兵强将训练民团，整治治安，首先将民愤极大的羊台山下以吕都为首的一股土匪消灭。吕都就是"应人石的传说"中的恶霸，人们拍手称快，渐渐安居乐业。

千百年来，石岩人世代讲述这一传说，后来，人们将这个故事提炼成表现男女对爱情忠贞不渝、生死相随的精神，将刘善、张勤夫妇传颂为夫妻恩爱、和谐家庭的典范，对每个家庭起到了一定的教化作用，特别是对年轻人的爱情观产生了一定的影响。

解放后，当地政府将应人石村划为一个独立的行政自然村落。2004年，深圳市实现农村城市化后，应人石村改为应人石社区。这个故事孕育了山下的村庄，由最初的应人石村，

石岩罗租小学教师向学生传讲《应人石的传说》

相继产生、命名了应人石社区、应人石路、应人石学校……而且还将随着这些地域名永久传承下去。近现代以来，随着这里的人们陆续走向港澳台及世界各地，由于怀念家乡，他们也常向子孙后代讲述这一传说。这样，应人石的传说也在港澳台及海外华人中流传开来，成为沟通他们与乡梓之间感情的桥梁。

近年来，当地政府将这个故事收集、整理，使这个故事有了流传的文字依据。2008年9月25日晚，根据这个故事改编的具有石岩特色的客家山歌剧"应人石的传说"，在宝安区群众文化艺术馆正式上演，首场演出即荣获2008年宝安区小品小戏比赛优秀节目一等奖、优秀演员奖、优秀编剧奖、组织奖四个奖项。同年12月22日晚，该剧在深圳市第三届客家文化艺术节开幕式表演。同时，《应人石的传说》动漫版被《宝安日报》连载，在中小学校流传，产生了强烈的社会反响。2009年11月底，同名客家音乐小戏"应人石的传说"荣获广东省第六届群众戏剧曲艺花会金奖。

❀ 基本内容

石岩，原名乌石岩。这里的地名如应人石、石龙仔、石岩湖等，都与"石"字有关。关于这些地名的来历，都有一个美丽的传说，如《应人石的传说》、《乌石岩的故事》、《石头的传说》等，其中《应人石的传说》在民间传承最广泛，影响也最大。另据应人石本地居民刘英娇介绍，《应人石的传说》另一个版本叫《麒麟石传说》，其它版本大同小异。

据叶恩麟等老一辈人介绍，《应人石的传说》至少流传于 300 年以前。那个时候，在如今石岩境内的羊台山下，住着一对勤劳的夫妻，男的叫刘善，女的叫张勤，他们生有一双儿女。夫妻俩开荒种田，开山种果，过着靠山吃山，自给自足，虽苦犹乐的生活。

然而，好景不长，羊台山附近有个财主，名叫吕都，本是山贼出身，为人狠毒，靠贩卖私盐、打家劫舍而发家，独霸一方。看到刘善一家勤俭致富，稍有家业，吕都眼睛开始发红，就想要掠夺、独吞刘家财产，还想霸占刘善的漂亮妻子张勤。他本想正面强抢，但又担心背个恶名，一直苦于无计可施。某日，一个爪牙献计道："老爷，有了！"于是，他与吕都一番耳语。吕都一听，大喜过望，当即带着一班爪牙来到刘家，一个爪牙高声喝道："刘善，我们老爷听说羊台山里有一种长生不老草，想让你进山去采摘，回来后重重赏你！"原来，吕都早听闻羊台山的深山老林里有一种长生不老草，食补可以长寿，但深山里蛇蝎、猛兽成群出没，经常伤人，无人敢去采摘，即使有人前去，也是十死九伤。这爪牙献计就是让刘善去采摘，刘善一去必死无疑，那他的家产不就成了吕都的了吗？

刘善夫妇一见来者不善，当时脸都吓青了，忙结巴道："老……老爷，那深山老林里常有猛兽伤人，去不得呀！"另一个爪牙一脚踢翻刘善，吼道："刘善，今天老爷登门求你是给你面子，如你胆敢违抗，则没收家产，全家抄斩！"

小俩口听得直打罗嗦，当即抱头痛哭，刘善长叹："穷人脚下无路走，豺狼当道做人难！唯有冒险去上山，听天由命赴鬼门关！"哭归哭，但刘善还得与吕都签下生死状，被迫划押。吕都一行人满意地扬长而去。

刘善独当门户，并无外援，夫妻俩顿时陷入绝望之中。当晚，张勤一边流泪，一边为丈夫收拾好绳索、柴刀，并备足两三天的干粮（番茨、芋仔、饭团）。临行前，她还烧香祈祷，望上天保佑刘善平安归来，并与丈夫约定：每日下午必到山下呼喊刘善名字三声，等到有回声后才放心回家。

刘善痛别爱妻之后，一路爬山越岭，跨山涧、进老林，时而听到狼嚎虎啸之声，无所畏惧，一路探险，渴了、饿了用山泉水送干粮下肚，想睡了则找块青石板躺下或打个盹，但仍然无法找到不老仙草。就在刘善几近绝望之时，在山上的一处峭壁边，他似乎看到了一株仙草。为了能尽快下山与妻儿团聚，他也顾不了那么多了，便往仙草处爬去，眼见仙草就在触手可及之时，一不小心就踩空了，摔进了深渊之下。刘善死的时候，非常舍不得妻儿，非常想念他的妻子和孩子，他的痛苦和哀怨，可想而知。

张勤前三天的下午都如约在山下向山中呼喊三声"刘善哥"，直到听到丈夫的回应："我在这里呀，你放心吧！"于是安心回家。三天之后，当她每天下午如常来到山脚下呼喊丈夫的名字时，听到的只有隐约的回声，像是人声，又像是风声，辨别不清，她虽心生纳闷，但不敢多想。就这样，日复一日，月复一月，丈夫一去不回。张勤由热切期盼到渐渐失望，猜想丈夫必定凶多吉少，可能遭豺狼猛兽撕食了，于是天天以泪洗脸，茶饭不思。悲愤中，她想到了死，想到与吕都同归于尽，可她又舍弃不下两个年幼的孩子，再说她一个弱女子又怎能敌得过人面兽心的吕都呢？张勤横下一条心来，丈夫生死不明，不管怎样，一定要去羊台山里寻找，生要见人，死也要见尸，不能让他暴尸荒野。于是，她把实情告知了两个孩子，希望他们谨记于心，君子报仇十年不晚。

主意打定后，张勤把所有的家畜卖掉，备尽积蓄，带着两个孩子下山，找到一户人家，说明原委，并把银两交与该户人家苦求他们能收留孩子。该户人家被张勤要上山寻夫的想法感动得落泪了，要陪伴张勤一起上山去寻找。但张勤不想别人陪着自己去送死，再说她还要将小孩托付于她，于是一口回绝了好意。

张勤冒着生命危险走进大山，一路走一路呼喊刘善的名字，但一直只能听到隐约的回应。她边走边想，当坐下歇息时就用山歌哭诉心中的苦闷。就这样，她一边哭喊丈夫的名字，一边顺着应声的方向往上爬，当爬到一块大石头前时，抬眼望去，此石跟人的模样差不多，她心里当即一怔，待回过神来，再喊丈夫的名字，没想到石头发出翁翁般的回声："我在这里呀！"再喊一声，回声一样，原来每天回答她的却是这块石头！

看着每日回答自己的竟是这块似人形的大石头，张勤顿时觉得天旋地转，忍不住嚎啕大哭，哭得肝肠寸断，山谷回响，百鸟惊骇，地动山摇。这时，天空电闪雷鸣，顷刻风雨交加，雷声、雨声、风声，渐渐淹没了张勤撕心裂肺的哭喊声，很快，张勤哭倒在大石头脚下，晕了过去。突然，天空一道闪电直射下来，瞬间，张勤被雷电击中……

张勤寻夫也是一去不回，后来山下的村人结伴进山去寻找他们夫妻俩。众人只在羊台山顶上发现了两尊酷似人形的大石头，它们遥遥相望，仿如一对长相厮守、不离不弃的夫妻……众人吃惊不小，下山后将这件奇事四处传开，而且越传越神。许多人知道后，都对那个恶霸地主吕都恨之入骨。但是，吕都财大气粗，大家敢怒而不敢言。

石岩客家山歌剧《应人石的传说》参演深圳市第三届客家文化艺术节

有道是：恶有恶报，不是不报，时候未到。过了若干年后，朝廷派南越王赵佗的后裔赵标从龙川佗城前来乌石岩一带讨伐土匪流寇，查禁贩卖私盐者。他带领一支精兵强将在当地组建民团，日日训练，整治治安，首先将民愤极大的羊台山下以恶霸吕都为首的一股土匪消灭，真是大快人心，自此石岩周围地区的人民渐渐安居乐业。

约在清朝嘉庆年间（1796－1820年），有一群姓刘的人来到这个村庄里，他们听说了那对石头的来历后，表示他们就是"应人石的传说"中的主人公刘善的后人，此番是前来寻根问祖的。于是，他们在这里定居下来，开村立业，生儿育女，渐渐人丁兴旺。

后来，人们为了纪念刘善、张勤这对恩爱的夫妻，在应人石村后山岗上建了一座阿妈庙，并把这个村庄叫做应人石村，这段凄美动人、感天动地的爱情传说由此代代相传，流传至今。

据叶恩麟老人介绍，这个故事可以不分场合、时间，只要兴致来了随时随地都可以讲述。他印象最深刻的是，常在繁星密布的夏夜，众人围坐在屋外的大树底下，小时候他经常躺在奶奶怀里，听她讲述"应人石的传说"；或在农忙时节的空闲时间，人们围坐在田间地头小歇，年长的讲给年轻的听；在学堂里，先生也经常讲给学生们听，以开阔他们的写作视野。往往讲故事的人眉飞色舞，讲到关键处就故意停顿下来，让听故事的人去泡杯茶，然后又接着讲。年轻人对这个故事也是百听不厌，是一种主要的娱乐生活、消遣时间的方式。

这个故事主要体现了男女对爱情忠贞不渝、生死相随的精神，也对年轻人的爱情观产生了一定的影响。直到如今，当地村民仍将刘善、张勤夫妇传颂为夫妻恩爱、和谐家庭的典范，视为精神信仰的传承和寄托。

❋ 相关制品及其作品

1. 《应人石的传说》用客家话口耳相传，流传至今。目前收集、整理的作品有：刊载在 2004 年第 2 期《石岩文艺》的《应人石的故事》及 2008 年出版的《石岩民间故事》内辑录动漫版《应人石的传说》。

2. 叶恩麟收集、周光辉整理的《应人石的传说》等。

3. 2008 年 12 月出版石岩客家山歌剧《应人石的传说》单行本。

❋ 传承谱系

代数	姓名	性别	出生年份	传承方式
第一代	何九妹	女	已过世	家传
第二代	叶吉安	男	已过世	家传
第三代	叶恩麟	男	1937	家传
	李友娇	女	1925	家传
	刘天养	男	1925	家传

主要特征

1. 该传说是富有地方特色和客家民系特色的作品。讲述的是两块酷似人形的大石头的故事，由此产生了山下的应人石村，直到如今当地还沿用此地名，并由此命名了应人石路、应人石学校等。

2. 该传说富含当地民风民俗。采用客家话口耳相传，多以石岩客家人日常生活中的口头语言为主，朴实、生动、形象、风趣，声情并茂。不分场合、时间、地点，不分年龄、性别，在劳动中，在生活中，茶余饭后，只要高兴随时随地可以讲述。

3. 该传说具有广泛的民间性。在当地民间产生，直到如今，村民仍将刘善、张勤夫妇传颂为夫妻恩爱、和谐家庭的典范，视为精神信仰的传承和寄托。

重要价值

一、历史文化价值

《应人石的传说》寓含客家人的精神、信仰、价值取向，对研究客家先民在大迁徙过程中，与当地土著人相处，取长补短，并与南方各地土语互相融合与影响的历史文化具有特殊价值，对研究当地村风、民俗也具有一定的参考价值。

二、民间传承价值

《应人石的传说》语言多以石岩客家人日常生活中的口头语言传授，涉及客家人的衣食住行等，只要高兴随时随地可以讲述或以石岩客家山歌的方式演唱，富有地方特色和民系特色，具有广泛的群众性和民间传承价值。

三、社会文化价值

《应人石的传说》主要体现了男女对爱情忠贞不渝、生死相随的精神，象征自由美好的爱情人人向往，歌颂忠贞不渝的爱情最终得到永恒。这段凄美动人、感天动地的爱情传说，影响了一代又一代当地年轻人的爱情观和婚姻观，为创建家庭的和谐、稳定和安宁产生了不可估量的社会文化价值。如今又起着沟通海内外客家人、增进族群认同、情感联系的纽带作用。

四、旅游文化价值

《应人石的传说》发源地羊台山是一座英雄山，1941 - 1942 年周恩来亲自领导下的震惊中外、彪炳史册的“港九秘密大营救”行动就曾以这里为根据地。始创于 1997 年重阳日的“中国·深圳羊台山登山节”活动，现已闻名深圳乃至珠三角。每年都有成千上万的人到此观光、休闲，在带来社会效应的同时，也创造了相当可观的经济效益，具有丰富的旅游资源。

❀ 濒危状况

1. 随着生活的改变，时代的变迁，以及多样文化娱乐种类的发展，尤其是改革开放后的深圳，当代年青人对欣赏、传承古老的民间文学的热情正在逐步减退，甚至不感兴趣。

2. 目前，《应人石的传说》主要传承人都是 70 岁以上的高龄，如不进行及时保护和传承，将有可能失传。

❀ 保护内容

1. 保护有丰富经验的民间传说讲解及写作人员，关心他们的工作生活。

2. 组织专业人员对具有保护和传承意义的民间传说进行编写，并将有关的文字、图像资料、录音和录像光盘完整地保存下来，供后人学习借鉴。

3. 组织专业人员收集整理本辖区的民间故事、民间传说，并造册。

4. 适当投入资金，有计划、有组织地加强对民间故事、民间传说编著人员的培训，确保民间传说、民间故事不失传。

❀ 已采取的保护措施

1. 2004 年，石岩街道文化体育中心组织收集、整理多则传说，其中包括《应人石的故事》等，并以专辑形式刊载在当年第 2 期《石岩文艺》杂志上，使有关应人石的传说广为人知。2008 年出版的《石岩民间故事》辑录动漫版《应人石的传说》，12 月出版石岩客家山歌剧《应人石的传说》单行本，打造了一台客家山歌剧，这些都使《应人石的传说》得到很好的保存。

2. 2013 年，应人石的传说被列入广东省第五批省级非物质文化遗产名录。

望烟楼的传说

保护单位：深圳市宝安区福永街道文化体育中心

❋ 所在区域及其地理环境

望烟楼位于深圳市宝安区福永街道凤凰山上。凤凰山位于珠江口东岸，南接西乡，北连沙井，东邻石岩，面积约 10 平方公里。地理坐标为东经 113° 49'，北纬 22° 36'，境内东西长约 11.7 千米，南北宽 9.6 千米。街道 2012 年底常住人口 2 万，外来人口 85 万左右。土地平坦，气候温和，属亚热带海洋性气候，年均气温 20℃左右，年均降雨量约 1500mm。

❋ 分布区域

望烟楼的传说分布区域，一是以深圳市凤凰山脉为中心，珠江口以东，宝安区西乡街道以北，沙井街道以南、石岩街道以西的大片地域，面积在 100 平方公里以上；二是早年从上述地域流散至世界各地的文氏后人群落中。

❋ 历史渊源

经考证，早在五六千年前新石器时代就有人类在福永大茅山脚下（今凤凰村一带）繁衍生息。夏、商、周时期，南越部族常在该地及周边一带生活。秦统一六国后，福永归属南海郡。东晋咸和六年（331 年），始设立宝安县，福永归宝安县管辖，同时受在南头设立的东官郡管辖。唐至德二年（757 年），改宝安县为东莞县，福永归东莞县管辖。元朝大德年间（1297 - 1307 年）抗元民族英雄文天祥的侄孙文应麟随祖辈流落到大茅山脚下，并在此繁衍生息，开村立业，始叫岭下村（今凤凰村）。1993 年 1 月 1 日，深圳市宝安区挂牌成立，凤凰村成为福永的一个村。2004 年 7 月 1 日，福永撤镇改街道，凤凰村成为福永街道的一个社区居委会。

深圳市第二批市级非物质文化遗产代表性项目名录

民间文学

原址上重建的望烟楼

据《福永镇志》及《宝安民间文学集成》（2006 年 5 月）记载，望烟楼的传说至今已有 700 多年的历史了。经过代代传承，望烟楼已成为街道"两思"（富而思进，致富思源）教育基地。

据文氏家族后人文美光、文宝驱介绍：文应麟与凤凰山、凤岩古庙和试剑石的联系十分紧密。可以说，没有文应麟，就不会有凤凰山这个名字，更不用说凤岩古庙和试剑石了。

据福永中学的一位老师介绍，他们每年都组织学生到望烟楼讲述文应麟及望烟楼的故事；福永中心小学德育处每年都会在各班组织班会，向学生们讲述望烟楼的传说，让他们了解福永的历史，让望烟楼的传说及习俗一代代传承下去。

✵ 基本内容

谈起凤凰山的望烟楼，人们就会自然说到凤岩古庙、试剑石和文应麟。

元朝大德年间，文应麟因不满元朝的统治，随祖辈流落到大茅山脚下，并在此繁衍生息，开村立业。文应麟是一名热血青年，立志奋发图强，带领文氏家族艰苦创业，后来家底逐渐殷实，其在家族中威望也逐渐变高。他尚气节，怀大义，同情百姓遭遇，

文氏宗祠

为人乐善好施，接济穷困。在平时不方便外出了解百姓疾苦的情况下，他想到了一个体察民情的办法，即每到青黄不接的季节或灾年，他经常会爬上凤凰山顶，看看山脚附近村落各家各户的烟囱是否冒烟，以此来判断其是否断粮。如果哪一家烟囱没有冒烟，说明无米下锅，文应麟就派族人送粮到户，接济贫民。老百姓对他感激万分，称他是一个大慈大悲的活菩萨。文应麟为了方便瞭望，在凤凰山巅搭建了一座临时的瞭望台，傍晚时分经常在瞭望台上瞭望四周村落，以便于了解民情，接济穷人。后人为纪念这位乐善好施、关心民众疾苦的义士、活菩萨，便在临时搭建瞭望台的地方，建起了一座望烟楼，并以"烟楼晚望"来纪念此事。文氏后人即以望烟楼的典故作为警言，现文氏祠堂两侧的对联"烟楼世泽，正气家风"正是这样的写照。

谈及凤岩古庙的来历，有传说言：某日，文应麟闲游凤凰岩，优美的风景给他留下深刻

文应麟初到凤凰山的景象

的印象。当晚，文应麟梦见观音大士叮嘱他在凤凰岩处建一座寺庙，名称叫凤岩古庙。他睡醒后，即遵照观音的叮嘱，安排人员建起了凤凰岩古庙。庙建成后，前来参香拜佛的人群如潮涌，连年不绝。凤凰的名字也越传越开，越传越广，渐渐地人们把大茅山脉称作凤凰山，把岭下村称作凤凰村了。

文应麟非常憎恶元朝统治，一生立志继承其伯祖父文天祥的遗志，时刻不忘反元复宋。为此，他经常组织一帮志同道合的义士，习武练剑。为了避免当地元朝官府对他的猜疑，文应麟把练习场地搬到凤凰山脊名曰白鸽山的山坳处。练武场边有块刀状的大石块，因他们经常将其作磨剑试剑之用而得名"试剑石"。

"望烟楼"、"凤凰山"、"试剑石"的称谓一直流传至今，已成为凤凰山风景区的名胜，供人们游览。

如今登望烟楼已成为一种民间习俗，人们在祈求美好生活的同时对文应麟这个爱民志士心生敬仰。今天，我们已将这项活动定格为习俗，目的是要发扬文应麟乐善好施、乐于助人的美德，同时更要学习他想群众之所想、急群众之所急的精神境界。经过历代的传承，望烟楼已成为青少年的思想教育基地，对福永经济社会的发展起到了很好的促进作用。

❈ 传承谱系

代序	姓名	性别	出生年份	传承方式
第一代	文福安	男	1905	口述
第一代	潘妹	女	1916	口述
第二代	陈肖媚	女	1921	口述
第二代	文榜胜	男	1926	口述
第三代	文宝驱	男	1950	口述
第三代	文美光	男	1965	口述

❈ 主要特征

望烟楼是典型的岭南建筑风格，全部采用凤凰山石料砌成，由四根石柱支撑而成，三层高近10米，屋檐四周上翘，精致的壁画具有很高的艺术欣赏价值。它对于研究福永古文化、建筑风格，了解当时的民俗民风及历史名人有着极其重要而深远的意义。

文氏后人对文应麟非常敬仰，每年都为他举行家祭、年祭、墓祭、族祭，传播他的义行、美德，弘扬传统文明，建设和谐家庭。

1.家祭。每年端午、中元、中秋等节日，文氏后人每家每户都要在自己的家中对文应麟进行祭祀；

2.年祭。每年除夕日，文氏后人迎请文应麟等先祖神灵回家，进行祭祀活动；

3.墓祭。每年清明节、中元节，文氏后人推选长者去文应麟墓前及望烟楼进行祭祀活动；

4.族祭。每年春节前后，文氏后人聚集在文氏祠堂及望烟楼进行大型的祭祀活动。

望烟楼传说内涵丰富，是当地村民精神信仰的传承和寄托。

❋ 重要价值

一、名人效应

望烟楼与历史名人联系紧密，已成为深圳地区文天祥事迹的承载地点。

二、旅游价值

文应麟与凤凰山、凤岩古庙、试剑石、望烟楼等联系紧密，旅游开发价值高，每年成千上万的人到此观光、休闲，为当地带来社会效应的同时，也创造了相当可观的经济效益。

三、历史价值

望烟楼的传说具有七百年的历史，是当地村民精神信仰的传承和寄托，对研究村风、民俗具有一定的历史价值。

四、传承价值

望烟楼的传说代代传承，对后人起到了很好的学习、教育作用。

在望烟楼上俯瞰凤凰古庙

五、教育价值

望烟楼现已成为福永街道青少年的思想教育基地。

❋ 濒危状况

随着经济社会的不断发展，如不及时保护和传承望烟楼的传说，这个民间传说面

临失传的险境。望烟楼如不定期进行保护和维修，将面临倒塌的困境，不复存在。

❀ 保护内容

1. 保护有丰富经验的民间传说讲解及写作人员，关心他们的工作生活。

2. 组织专业人员对具有保护和传承价值的民间传说进行编写，并将有关的文字、图像、录音和录像光盘等资料完整地保存下来，供后人学习借鉴。

3. 适当投入资金，有计划、有组织地加强对民间故事、民间传说编著人员的培训，确保民间传说、民间故事不失传。

4. 定期保护及维修望烟楼。

✳ 已采取的保护措施

1. 街道对望烟楼的传说编写工作非常重视，拨出专款并组织专门力量对其进行收集整理。

2. 组织人员编写镇志、村志，把这个民间传说收录到其中，供后人学习借鉴。

3. 保护望烟楼，修复望烟楼，成立了保护领导小组，加强对望烟楼的维护和管理工作。

4. 2009 年，望烟楼的传说被列入广东省第三批省级非物质文化遗产名录。

传统音乐

观澜客家山歌

观澜客家山歌

保护单位：深圳市龙华新区观澜办事处文化体育中心

❀ 所在区域及其地理环境

观澜客家山歌流传于广东省深圳市龙华新区观澜街道。观澜街道地处深圳市北大门、宝安区东北面，总面积89.8平方公里，建成区面积22平方公里，辖观城、福民、桂花、松元、新田、樟坑径、君子布、牛湖、库坑、大水坑、黎光、新澜等社区居民委员会。户籍人口中，客家人占80%。观澜全境地势西北高、东南低，为丘陵地带。这里属亚热带海洋气候，四季温和，雨量充沛，环境优美。交通发达，梅观高速、机荷高速穿境而过，环观南路、环观北路环城而行，十分方便，辖区内5米以上的硬底化公路216条、园林绿地500万平方米。总之，观澜是一个集古朴、传奇、文明的文化底蕴于一体的现代化的新兴城镇，是深圳市著名的文化发祥、体育兴盛、观光旅游和循环经济的重要地区。

❀ 分布区域

观澜客家山歌分布在深圳市龙华新区观澜街道所有客家人居住的十二个社区。

观澜客家山歌至少有一百五十年的历史

❀ 历史渊源

根据深圳市1984年文物普查，考古专家对观澜道树岭、湾下岭等四处地域的考古结论，观澜早在3000多年前就有土著居民居住。600－1000年前就有竹村、狮径村、章阁村、长湖头村等广府语系的"本地人"居住。300－400年前开始有南迁的大量客家人居住，并成为主要居民。根据落籍较早的大布巷、库坑、陂头吓等地黄姓家族的族谱记载，黄氏家族已在观澜繁衍十三代至十五代，以此推算，在380余年前（即明代末年）观澜就有客家人居住。观澜以丘陵地带为主，婉延曲折的观澜河穿境而过，环境恶劣，强盗、野兽、蛇鼠不时出没伤人；人们主要从事水稻耕种、砍柴割草、竹排河运、挑担卖力等劳动，生活单调乏味。为消除劳苦、驱散悲哀、宣泄愤懑、表达意愿、追求情爱、唤起抗争，又或是为寻觅同伴、驱赶野兽、迎击强盗、抗击贫害等等，人们都用方言高声歌唱。就这样在长期的生产劳动过程中产生了观澜客家山歌。

观澜客家山歌学习班

根据观澜街道观城社区退休干部黄木有及沈海强、君子布社区老人"观澜客家山歌王"张恒及"牛湖山歌王"邓官添、"茜坑山歌王"刘思荣、观城山歌手黄禅等七、八十岁以上的老人回忆，抗日战争年代的观澜地区抗日战士和东流剧团以及解放战争年代的库坑、大水坑、大布巷游击区的游击队员，都用客家山歌来激发斗志，唤醒民众参与抗击敌人。解放后，客家山歌又成为歌颂党、歌颂社会主义、歌颂新生活、歌颂改革开放、歌颂和谐社会、歌颂现代化的文化武器。1949年10月16日"庆祝观澜解放"的万人山歌会，1958年观澜、青溪、凤凰的"擂台对歌"，近几年来连续举办的"国庆中秋客家山歌会"是观澜山歌史上的重大盛事。

观澜客家山歌以抒情为主，悲叹类、欢乐类、赞颂类、教益类、嫁丧类、谐趣类等山歌其实就是抒情类山歌。另外也有部分叙事类山歌。以爱情为主题的一类山歌占了客家山歌的很大比重。观澜客家山歌现在的主要代表歌手沈海强、陈瑞强、刘桂华、房运良、吴玉英等人都在五十五岁以上，多次在市、区、邻镇以及街道各社区、旅游景点演出，获得奖励和一致好评。

近年，随着生存环境的变迁、生活及文化娱乐的多样化，除少数老年人自娱自乐

300名客家山歌手的合唱表演博得了观众的阵阵掌声

之外，年轻一代已经不再喜听喜唱观澜客家山歌。观澜客家山歌已经濒临失传。

❋ 基本内容

　　观澜客家山歌用客家话演唱，形式比较多样化，主要演唱形式为独唱（个人演唱）、对唱（双唱、一唱一和）及群唱（四人唱、五人唱）、齐唱（多人唱）。即兴随口演唱是高超艺术水平的表演形式，而擂台对山歌则是最激烈、最精华、最吸引人的最高档次的演唱形式。客家山歌既是舞台演出的一种形式，更是人们毫无拘束的一种自娱自乐形式。无论是在劳动中，还是休闲中，或触景生情，都可以脱口而出，即兴演唱，不受任何局限。唱腔的丰富多彩，节奏的自由变化，让山歌的表演更为精彩，更富特色。爱情类山歌是客家山歌中最大量、最精华、最精彩的部分，此外悲叹类山歌和谐趣类山歌也很有特色。

　　观澜客家山歌与同类客家山歌大致类同，歌体结构比较整齐划一，演唱格式大体相同，演唱方法有高腔假音、圆腔本音、低腔细音，韵律基调为平平仄仄的声韵，有时也加入山歌号子"嗬－喂"、"溜－托"，以烘托气氛，增强效果。

　　修辞手法方面，沿用普通诗歌最基本的"赋、比、兴"，有对仗、排比、重叠、双关、夸张、拟人、歇后、重句、驳尾等手法，并使用得特别灵活。

句法结构方面，主要使用四句体，其次是五句体。

种类体裁方面，涵盖山歌号子，抒情山歌中的悲叹、欢乐、赞颂、教益、谐趣、嫁丧的情感山歌、爱情山歌、叙事山歌以及儿歌、谜歌等等。有赋体山歌、比喻山歌、起兴山歌、叠字山歌、双关山歌、谐趣山歌、拆字山歌等主要表现形式。

一为赋体山歌：通过直言叙述表现人事，语句生动形象，让人如入其中，直接感受，真切了解。例如"送妹送到竹头吓／浓浓露水竹叶遮／竹叶遮郎郎遮妹／罗裙遮住并蒂花"；"远远看妹坳里来／唔高唔矮好身材／唔肥唔瘦崖钟意／尾冬有钱娶转来"。此类山歌直描素画，直抒胸臆。

二为比喻山歌：通过明喻、隐喻、借喻、讽喻、反喻、强喻等形式生动、贴切的比喻，借景言情，增强艺术魅力。例如："二十之时一枝花／三十之后豆腐渣／过时过境花残落／秋水冲来随水下"；"食尽水果最好梨，看尽妹仔最好汝，芒果开花千百朵，唔当玉兰香一枝"。此类山歌比喻形象，寓意深刻。

三为起兴山歌：通过借景借物起唱，从而达到抒情写意的效果。例如："隔月鸡春（蛋）来送人。两边（怎样）妹仔惯冇情／打落锅仔黄又散／食落肚拔（肚子）痛死人"；"饮茶爱饮水仙花／娶妹爱娶会当家／一选收来两选谷／任哥食使任哥化（用）"。此类山歌首句营造氛围贴切自然，随后进入主题。

四为叠字山歌：通过词语反复，达到强化内容的作用。例如："久唔唱歌忘记歌／久唔行船忘记河／久唔读书忘记字／久唔见面忘记哥"；"看紧妹仔日日大／看紧妹仔嫁人家。"此类山歌叠字叠词，别有情趣。

五为双关山歌：通过一语双关，表面一个意思，暗藏另一种意思的手法，达到表意功能。常见有谐意双关、语意双关、借意双关和歇后语双关。例如："榄仔好食核唔圆／相思唔敢纳乱（乱来）缠／哑仔食饭单只筷／心想成双难开言"；"有田唔耕系闲田／有言唔讲系无言／有秧唔莳系浪秧／有缘唔结系冇缘。"此类山歌借物传神，独具特色。

六为谐趣山歌：通过歌词中的字义词意而达至深藏寓意。例如："阿妹好比深山鸡／上岭飞来下岭啼／割秋（完）唔够四两肉／诱例亚哥肚豺豹（想食）"；"妹仔生来样惯娇／鲫鱼咀来黄蜂腰／想喊阿妹按脚下／想喊阿妹吹玉箫"。

七为拆字山歌：通过拆字合字而成独特山歌。例如："一革两土就系鞋／三点加奚去青溪／十一加口平安吉／千北生成乃是乖"；"生字少横就系牛／鸟字少横就系乌／查字少横就系杳／昼（繁体）字少横就系书（繁体）"。

此外，还有排比、夸张、拟人、直叙、铺陈、烘托、反语、借代、故问、反复等艺术形式，在观澜客家山歌中都有广泛使用。

观澜客家山歌开口直奔主题的特点，自叹自唱的特点，巧用歇后语的特点，旋律优美的特点以及思想性强的特点都在其中充分展现出来。

总之，观澜客家山歌与宝安石岩、龙岗地区、梅林地区甚至粤、赣、闽地区所不同的地方在于：

一是语言不同。观澜本土方言与其它地区客家语言有区别，如崖（我）、汝（你）、其（他）、崖丢（我们）、那霞（谁）、两边（怎样）、料（玩）等等，与外处有别，使用起来特别生动、亲切；

二是歌曲唱法不同。观澜山歌有独特唱法，如已收集的五类唱曲歌调，就与其它地方有所不同；

三是内容分类不同。除赋体、比喻、起兴、叠字、双关等种类和表现形式比较相近之外，观澜山歌中的谐趣类山歌和拆字类山歌较有特色。

此外，作为文化之乡的观澜，其歌词中的语言丰富多彩、一意多词的表述与别处有所不同。

❋ 传承谱系

代序	姓名	性别	出生年份	传承方式
第一代	黄四发	男	1902	家传
第二代	沈国香	男	1930	家传
	张 贤	男	1924	家传
	邓官添	男	1921	家传
	刘恩荣	男	1921	家传
	陈桂芳	男	1919	家传
	翁盘带	男	1923	家传
	吴玉生	男	1922	家传
第三代	沈海强	男	1939	家传
	曾思才	男	1938	家传
	房运良	男	1940	家传
	陈瑞强	男	1948	家传
	刘桂华	男	1951	家传
	吴玉英	女	1951	家传
	张玉荣	男	1960	家传

主要特征

在长期不断演化的过程中，观澜客家山歌逐渐形成了具有本土风格的特点。

1.观澜客家山歌有四个特色：一是感情丰富，寓意深藏；二是语言独特（大量使用客家方言），形式生动；三是创作独特，手法多样；四是通俗易懂，传播广泛。

2.结构形式比较整齐划一，观澜客家山歌基本是四句七字体和五句七字体，四句七字体的一、二、四句押韵，五句七字体的一、二、四、五句押韵。

3.山歌歌词以当地客家人生活中的口头语言为主，生动、形象、风趣，往往以物抒怀，真情实感，寓情于景，真切可信。"床头打架床尾和，好好丑丑两公婆"、"阿哥好比荔果样，虽然皮皱肉鲜甜"、"行路唔知高低坎，吃饭唔知谷沙多"、"床上眼汁好洗面，床下眼汁流成河"等等，表达了男女间的爱恨离情。

4.山歌韵律以平平仄仄的声韵为基调。

5.每首客家山歌的唱腔以地方客家话为行腔，情歌委腕，苦歌深沉，欢歌快乐，嫁丧歌悲哀，表达了丰富的情感。

6.山歌歌词直抒胸臆，直奔所表达的主题。多为自叹自唱，也有邀请对唱或齐唱，气势磅礴，气氛感人。

重要价值

一、历史价值

观澜客家山歌是客家山歌的一种，是我国民歌园中的一朵绚丽奇葩。它产生于中国客家民系，承载着观澜当地丰富的民俗民情、民风民貌，富含浓厚的生活情趣和乡土气息，对研究数百年以来客家先民在多次大迁徙过程中，长期与土著居民的相处、互相取长补短，与各地土语山歌、古语山歌、粤语山歌互融互化，互连互通、互为影响的演化历史，具有重要意义。对早在380余年前就落籍深圳地区的客家人历史的研究，价值更大。

二、文化价值

观澜客家山歌诞生于崇山峻岭中的丘陵地带，诞生于强盗、野兽横行的恶劣环境，为求传音远，听得清晰，一般音调高扬，声音绵长，最高音出现在第一句，起到先声夺人及互为呼唤的现实目的，收到艺术效果。对于研究古代音乐以及客家山歌韵律艺术的特点也具有一定的参考价值。优美旋律、语言特点、缠绵曲调、独特风格、技巧功力，都在客家山歌中得以很好保存，这是人们喜爱客家山歌，研究客家山歌的原因之一。观澜客家山歌的文化价值就寄托于山歌的歌词中，深刻反映出文化之乡的文化内涵。

三、社会价值

根据观澜许多老人的回忆，观澜客家山歌在每一个重要历史时期都发挥了唤起民众、鼓舞斗志、凝聚人心、战胜困难、夺取胜利的巨大作用。在抗日战争、解放战争以及社会主义建设时期，观澜客家山歌成为催人奋进、引人向上、教化民众的推动社会前进的有力武器。在观澜历史上，因山歌结缘、因山歌化解仇恨的民间传说屡见不鲜。观澜第二代山歌手刘恩荣在山上劳动中因唱山歌而结缘成婚，一直传为佳话。同时，观澜客家山歌在团结当地居民，唤起海外同胞支援家乡建设以及创建和谐社会、实现现代化上产生过广泛而深远的社会影响。

总之，作为惠东宝地区以至中国南方地区的教育先行点、文化发祥地、华侨之乡和革命老区，观澜客家山歌是精神良品和文化精品。它兴盛并传遍六十多个有观澜华侨、侨裔的国家，所产生的历史、文化、经济、社会以及国际的影响甚为巨大。

❀ 濒危状况

随着时代的变迁、生活的多元化、文化娱乐的多样化，尤其是处在改革开放前沿的深圳，当地年青人的思想观念不断更新，艺术形式更为新颖，对传统客家山歌已经不甚了解甚至不予接受。在山歌这块园地上，只有极少数的老年人时常自叹自唱、自娱自乐，且都只唱些生活情趣类的山歌。如今，村子里会唱或者喜欢唱客家山歌的人年纪最小的都在55岁以上了。观澜客家山歌面临濒危失传的困境。

❀ 保护内容

1. 对《观澜客家山歌》的传唱，进行真实、全面、系统的文字记录及录音、录像，同时建档保存有关资料。

2. 对有重大影响的代表性传承人给予重点保护，同时加强培养青少年客家山歌手，使客家山歌后继有人。

3. 利用广播、电台、报刊、网络等传媒渠道对客家山歌进行广泛宣传，使客家山歌更加深入人心，激发社会各界人士，尤其是广大青少年对客家山歌的兴趣和爱好。

❋ 已采取的保护措施

1. 根据观澜客家山歌后继乏人的状况，近年来，观澜街道大力支持退休干部黄木有、沈海强，并通过他们组成数十人的山歌征集组，全面创作、收集、整理观澜百年流传的客家山歌达 1000 多首，计划出版《百年观澜》中的第一部分《观澜百年客家山歌》。

2. 从 2000 年开始，观澜街道利用每年的国庆、中秋、元旦、春节的系列文艺活动，专项推出客家山歌演唱表演。在世纪广场及观澜影剧院的演出中，观众达数千人。同时，街道文艺队下乡演出，必有客家山歌的演唱，从而激发青少年唱山歌的积极性，使客家山歌能够得以传承。

3. 观澜街道经常组织主要山歌手沈海强及陈瑞强、刘桂华、房运良、吴玉英等人到观澜山水田园农庄以及每个社区表演客家山歌，使客家山歌在更大范围内传唱，产生更为深远的影响。对于街道内的一些老年山歌手，如张贤、邓官添、刘恩荣等，则录音录像，作为珍贵资料留存。

4. 2008 年，观澜客家山歌被列入深圳市第二批市级非物质文化遗产名录。

传统舞蹈

坪山麒麟舞

坂田永胜堂麒麟舞

大船坑麒麟舞

上川黄连胜醒狮舞

松岗七星狮舞

坪山麒麟舞

保护单位：深圳市坪山新区坪山办事处文体服务中心

※ 所在区域及其地理环境

坪山办事处位于深圳市东部、坪山新区中心区域，东邻惠州市惠阳区，南、西、北三面分别与沙头角、葵涌、横岗、龙岗，以及坑梓等街道相连。总面积127.22平方公里，是深圳市版图面积最大的街道，下辖坪山、和平、六联、六和、汤坑、沙湖、碧岭、江岭、坪环、沙壆、石井、田心、田头、金龟、马峦、南布、竹坑等17个社区，126个居民小组，总人口约60万，其中户籍人口2.3万人；坪山地理位置优越，交通便利，是深圳东部的交通枢纽，深惠高速、横坪快速、深汕和深鹏一级公路穿境而过，距深圳市中心区32公里，离深圳国际机场60多公里。

本区域内地势南高北低，深圳主要河流坪山河贯穿全境。气候属于亚热带海洋性季风气候。自然资源丰富、环境优美，其中生态线面积达76平方公里，有13个社区在生态控制线内。山清水秀的坪山蕴藏着深厚的历史文化底蕴，大万世居、东纵纪念馆、客家民俗展览馆、碧岭农业生态园、马峦山、麒麟舞、客家山歌、黄酒、茶果等人文和自然资源，共同打造"麟舞酒飘茶果香"和"三山二馆一围屋"的文化坪山。

※ 分布区域

"坪山麒麟舞"活动分布在广东省深圳市坪山新区坪山办事处坪环、石井、田心、和平、碧岭、汤坑社区以及香港地区。

※ 历史渊源

"坪山麒麟舞"（竹林寺螳螂派麒麟舞）发源于山西省五台山竹林寺，始祖为少林寺挂禅高僧三达禅师。三达禅师身怀螳螂拳绝技，后云游至江西龙虎山，在此修炼

大型麒麟舞《麒麟呈祥》

传统麒麟表演

禅法武功，并开山授徒（被后辈尊称为三达祖师）。在此期间，李观清禅师和黄道人拜三达禅师为师，得其真传。后李观清传于张耀宗，张耀宗艺成后于1917年下山南归，定居广东惠阳淡水，继续修炼钻研螳螂派武学，并将它发扬光大，成为一派宗师。

1928年，坪山马岭村人张茂申慕名邀请张耀宗前来坪山老圩镇开设拳馆，教授坪山人民螳螂派麒麟舞（其中主要有黄毓光等弟子）。1931年冬，张耀宗将教学场所移至坪环马岭村，学员有张牛仔、张安仔、张阿秀、张进发等。

1932年，部份学员跟随张耀宗进入香港，受聘于天和船馆开班授徒，传授螳螂派麒麟舞真传（后由传承人黄毓光主持教学）。原马岭村拳馆则由张茂中协助授徒传艺。

黄毓光，原宝安县坪山人，在1928年十三岁时，拜入张耀宗门下，修习螳螂麒麟舞。由于黄毓光天赋资质较好，学习刻苦，领悟力强，深得张耀宗赏识。在张耀宗悉心指导下，他钻研吸收其它各门派武学精髓并与本门派武学相结合，逐渐完善并形成了独特的麒麟舞套路。

黄毓光受张耀宗嘱托，被赋予执掌本门派教规的重任。其后，为继承历代祖师发扬螳螂派麒麟舞的遗志，黄毓光回到家乡，开办群众性麒麟舞馆及习武训练馆。至

1947年时，已设立5个主要堂馆，分别为：

一、尚武堂（地址：惠阳县淡水镇牛磅街，由杨柄负责）；

二、群武堂（地址：原宝安县龙岗圩老街，由马富、游锦发负责）；

三、光武堂（地址：原宝安县坪山中兴老街，由曾冠海负责）；

四、崇武堂（地址：惠阳镇隆皇石村，由马富、黎桥负责）；

五、英武堂（地址：惠阳镇隆塘子丫村，由马富、黎桥负责）。

其后，龙岗群武堂在坪地四方埔村开设分馆，坪山光武堂在坪山石井彭屋村、竹坑石湖村、葵冲三溪丘屋村开设分馆（负责人分别为彭阿顶、朱洪、肖佛祥等）；淡水尚武堂在淡水大亚湾区河树吓村开设分馆。

黄毓光致力于竹林寺螳螂派麒麟舞的研究，并把毕生所学毫无保留地传授予门徒，旗下人才辈出。1960年12月，在惠阳地区举办的首届庆丰收民间传统文艺大汇演比赛中，黄毓光派出的亲传弟子黎伟强在麒麟舞比赛中荣获第一名。1965年宝安县举办全民健身运动会，黄毓光派潘观清参加麒麟舞比赛，荣获比赛第三名。1962年黄毓光移居香港，在九龙、荃湾、新界等地建立螳螂派麒麟舞健身学院，并多次参加香港地区表演、比赛。

黄毓光生活朴素、为人谦虚、尊礼敬业，在民间和地方武术界颇具声誉，赢得了广大门徒和群众的尊敬和喜爱。黄毓光授徒行医数十年，门徒遍布美洲、欧洲等国家及港澳台地区。

如今，各级政府日益关注重视我国传统非物质文化的挖掘、保护、传承和普及发展，竹林寺螳螂派麒麟舞的第四代传承人黄耀华（黄毓光之子）继承先父遗志，对失落已久的螳螂派麒麟舞做了许多挖掘、抢救工作。1994年受香港国术总会和其他门派邀请，螳螂派麒麟舞参加了在香港九龙公园举行的民间传统麒麟舞武术比赛表演，并获得好评。同年，该麒麟队还受邀参加香港新界吉澳居民太平清醮活动，表演传统麒麟舞、武术，增强了螳螂派麒麟舞在香港民间的影响力和知名度。

❊ 基本内容

"坪山麒麟舞"具体内容如下：

一、麒麟"开光"仪式

客家民间传统麒麟舞，在新麒麟使用前一般都要举行麒麟"开光"仪式。新麒麟

元宵节祈福表演

"开光"前，双眼要用红布蒙着，由资深师父选好良辰吉日和地点。时间大多在半夜时分，地点要选择在枝叶盛茂、有灵气的古树下。麒麟队的队员带上"开光"所需的祭品用具，在资深师父的带领下悄无声息地到达目的地，途中行人要回避。整个"开光"仪式的过程如下：先由师父摆上祭品、上香、燃烛、烧元宝、参拜天地，再由师父摘下蒙在麒麟双眼上的红布、点睛，随着师父的"祥麟开光、如意吉祥、万事胜意、风调雨顺、国泰民安"喊声，麒麟队员在鞭炮锣鼓声中，翻滚腾跃舞动麒麟，表现喜、怒、哀、乐、惊、疑、醉、睡等动静神态，接受天地神的洗礼。"开光"仪式结束。

二、麒麟舞表演前的习俗

麒麟队伍在参加祥和喜庆的重大节日、乔迁新居、婚嫁前都按传统仪式在供奉的师傅位上烧三支香，并告之祖师爷。之后，在祖先祠堂烧香拜祭，由堂主带领着要外出演出的麒麟及参演队员，边舞麒麟边从屋外开始向屋内拜，祈求风调雨顺、国泰民安、迎祥纳福。凡到每一地点，麒麟上门参拜前，都先要了解当地民风习俗，凡是有满月的新生儿都要回避，意在护佑麒麟队员、师父在表演中不出意外，观众平安大吉。

三、麒麟舞的表演程序和内容

"坪山麒麟舞"整套表演共分为3个部分，分别为"头段"、"尾段"、"武术及拳术表演"，统称为麒麟套。

（一）头段

"头段"中包含闹锣调、七星调、下田调，分别表现不同的内容。

1. 闹锣调

闹锣调用于麒麟舞的起始段落，首先由锣鼓起调，两人分别握住麒麟头·尾，翻身跃起，朝东西南北四个方向左、右、中各3步，行九步躬礼，意为向四方观众表达敬意，体现麒麟恭谨、谦虚、律己的姿态。然后在快板声中，欢天喜地环绕观众舞动一圈，回到场地中央。

元宵麒麟巡游

2. 七星调

七星调表现的是春分伊始准备耕耘时期人们忙碌的景象。此时的麒麟表达的是四季、二十四节气时的自然现象和五行运转等抽象概念。麒麟动态上呈庄严、灵动、忙碌的形象。

3. 下田调

下田调表现的是人们下田劳作时的情景。此时的麒麟表达的是自我反省、检视自身行为是否符合天道自然。

（二）尾段

"尾段"包含瞌睡调、采青调、吐丝调、丰收调 4 个节奏，也有不同的内容相对应。

1. 瞌睡调

瞌睡调是表现季节更替农闲阶段，人们互相拜访交流经验的愉快情景。麒麟的动态表现为跋山涉水、四处嬉戏，玩累了休息打瞌睡的各种姿态，生动活泼地展现了麒麟纯真充满童趣的动物本性。

2. 采青调

采青调表现的是农忙季节过后，农作物在茁壮成长，人们积极检视护禾的情景。通过用麒麟采青的舞姿，来提醒人们不能懈怠，适时察看天时地理变化，采取正确的对策，争取获得好收成。

3. 吐丝调

吐丝调表达的是麒麟祝福万物生长，驱邪避害，传递好运的情形。此时麒麟的动态为"检青"（查看有无虫病）、"含青"（修复驱除虫病）、"吐青"（播撒好运，祝福万物）等。"吐青"后舞动意为"芝麻花开节节高，富贵吉祥万年长，大吉大昌"的祝福对联，表达吉祥。

4.丰收调

丰收调是结束调，意指人们在麒麟的祝福下取得了好收成。此时的麒麟展现的是高兴、快乐的状态，动态上表现为在地上翻滚、腾跃等。最后向乐队和众人行"九步躬"礼结束表演。

（三）武术及拳术表演

武术方面，其所传承的为"江西竹林寺真传螳螂拳"，有拳术套路八式：第一式佛手、单桩；第二式双桩；第三式三剪摇桥；第四式三剪摇手；第五式四拳门；第六式活步拳；第七式八门拳；第八式梅花拳。拳术以吞、吐、浮、沉、惊、弹、搓为运力、用力法门，以短距离发劲为特征，强身健体，攻击性极强。

兵器方面，棍、刀、剑、枪等，均具特色。

❋ 相关制品及其作品

"坪山麒麟舞"相关制品及其作品如下：

1.麒麟类：螳螂派麒麟以竹制成框架，上覆油纸，手工于油纸上描画，整个麒麟分为二段：（1）麒麟头重量约1.3公斤，呈独角龙头形态，脸上描有青禾、凤凰、金钱等图案，额上描太极八卦图形；（2）麒麟布，俗称麒麟尾，由五色彩布制作而成，长约3.3米，重约1公斤，颜色为红、黄、蓝、白、黑五色，代表金、木、水、火、土五行，上书"风调雨顺""国泰民安"等字样，喻意百业兴旺、五谷丰登。

2.麒麟舞器械："坪山麒麟舞"乐器主要是大锣、当锣、小堂鼓、二鼓、高音小唢呐、镲。呐、鼓居中，左边锣，右边镲，一字排开。由呐、鼓起拍，锣、镲随即相和，配合着麒麟或庄严、或生猛、或诙谐的舞动，敲打出快慢轻重的节奏音调。在一些特殊舞段，则会加入战鼓，以配合庄严、抒情的需要。

3.拳术器械类：主要是刀、枪、剑、棍，由铁、木或钢制作而成。

4.旗：有一面排头旗、两面小旗、旗架，排头旗插在旗架中间，两面小旗插在旗架左右两边，旗放表演场地中间。

5.服饰：一般为传统的武术服。上衣的颜色一般是白色，裤子是黑色，鞋子为白色平底运动鞋并印有"坪山光武堂"字样。

6.束盒：用于表演结束后装利是封的盒。

❋ 传承谱系

代序	姓名	性别	出生年份	传承方式
第一代	李官清	男	不详	师父
第二代	张耀宗	男	1896	师传
第三代	黄毓光	男	1914	师传
第四代	黄耀华	男	1958	家传

❋ 主要特征

"坪山麒麟舞"自清末民初形成以来，至今已有一百多年的历史，具有如下基本特征：

一、艺术特征

"坪山麒麟舞"深受传统汉族民间民俗文化和儒道思想的影响，讲究的是尊礼、崇文的谦谦君子作风和修身、齐家、治国、平天下的达人治世观，具有较为典型的汉族文化特征。它的步伐稳健，时而凶猛，时而稳重，整套动作表现了喜、怒、哀、乐、惊、疑、醉、睡等神态，加上乐器的伴奏及武术表演，具有较高的娱乐性与观赏性。

二、农耕文化特征

"坪山麒麟舞"在套路结构安排上，有一年四季的表现，例如：乐器里面的下田调、丰收调等，表现了从农闲到春分忙碌到护禾再到丰收等。动作的步伐也有表现二十四节气，证明了"坪山麒麟舞"是农耕时期演变发展而形成的，具有深厚的农耕文化基础。

三、强身健体特征

"坪山麒麟舞"是结合螳螂拳功法基础创编而成的，动作包括了伏、卧、弯、腾、跃、跳等，整套动作 15 分钟完成，具有一定的强身健体的功能。

❋ 重要价值

一、艺术价值

经过长期的民间艺术加工，坪山麒麟舞形成了具有一定代表性、群众广为接受的完整套路，其表演形式和传达的文化内涵，具有其独特的艺术价值。

二、文化价值

它的文化内涵主要表现在以下几个方面：

1.律己、尊礼、崇文、达人的儒家处世观

"坪山麒麟舞"套路中首先表达的是律己、尊礼、崇文从而达人的态度，通过高贵的麒麟"检视"自身举止是否端正庄严，向众人行"九步躬"礼，"左文右武"凡转必向左，为大家"吐丝"驱邪祈福保祥瑞等表演，体现了儒家律己、尊礼、崇文的谦谦君子作风和修身、齐家、治国、平天下的达人治世观。

2.道法自然，阴阳、五行生发运转的宇宙观

"坪山麒麟舞"以阴阳五行为舞法依据，遵循道法自然的思想。例如：它的基本步伐为"阴阳步""八字步"，两种步伐连接交替使用就是"五行步"。手上的舞法，有"左二右三"表五行的，也有表四季的，腿上还有表二十四节气的等等。在套路结构安排上，也是根据农耕文明时期的自然规律来划分的。比如：从农闲到春分忙碌到护禾再到丰收等等，不同的时期麒麟有不同的舞段和情绪表演，充分体现了道法自然、五行生发的宇宙观。

三、和谐价值

"和谐"是中国传统文化的核心理念和根本精神，"和"即是"谐"，"谐"即是"和"，引申表示有条不紊、井然有序、互相协调，这几项要求是和谐社会的特征。"坪山麒麟舞"文化象征着安定、祥和，表达了安居乐业、国泰民安的喜庆心情，符合和谐社会的要求。所以，麒麟舞对构建和谐社会有重要意义。

四、历史价值

它是农耕文明时期，人们在长期的生产劳动和生活中，在民族文化的影响下，自然发展而形成的，有着深刻的历史烙印。通过研究"坪山麒麟舞"，能够还原反映出历史时期人们的生产生活状态，具有一定的历史价值。

✵ 濒危状况

"坪山麒麟舞"是一种民间传统文化，在多数爱好者大力扶持努力下，发掘、抢救、继承、弘扬发展的工作活动开展良好，但仍然存在着不少难以解决的问题：

1.客家麒麟舞赖以生存、发展的社会基础发生了变革，一些传统民俗日益淡化，特别是文化观念变革，麒麟舞的活动阵地逐渐缩小，过去祥和喜庆节日的演出场面不复再现，婚娶新事、乔迁新居、过年、寿诞都从易从简，传统民间文化逐步由现代文化代替，麒麟舞在群众中的展示平台日益减少；

2.一些颇有造诣的舞麒麟师傅因年寿过高逐步退出舞台，甚至有的相继过世，有

些绝技难以得到传承；

3.随着科学技术的进步和市场经济的发展，人们的文化生活日益丰富，审美情趣在不断变化，对麒麟舞文化兴趣愈来愈淡漠，一些舞手因外出务工，愈来愈少参加舞麒麟活动。

❊ 保护内容

麒麟舞的保护内容为保护麒麟文化、保护传承人、保护活动场地等几方面。

在新的时代背景下，我们要继承和保护麒麟舞活动，鼓励、引导年青一代学习继承这一传统，奖励掌握传统文化技艺的民间艺人，充分促进传统艺术的保护继承，促进民间传统艺术的创造，提高民间艺术水平。

❊ 已采取的保护措施

1.成立了坪山麒麟协会及保护非物质文化遗产领导小组，积极推动"坪山麒麟舞"的保护工作，较全面地对"麒麟舞"进行调查研究、论证。每年拨出一定经费供坪山麒麟队的正常活动使用，保证其生存和发展。

2.1996年开始由政府出资，常年组织举办"麒麟舞"比赛活动及交流活动。

3.将传统麒麟舞拍摄制成 DVD，收集、整理、完善资料。

4.组织人员培训。

5.提供了专用场地供麒麟队进行日常训练和活动。

6.2013 年，坪山麒麟舞被列入广东省第五批省级非物质文化遗产名录。

坂田永胜堂麒麟舞

保护单位：深圳市龙岗区坂田街道文体服务中心

❋ 所在区域及其地理环境

坂田街道位于深圳市福田、龙岗、宝安三区交界处，东连布吉，南邻福田，西接龙华，北靠平湖。总面积28.51平方公里，辖区内总人口47.8万人，其中户籍人口4.3万人，流动人口43.5万人。

坂田属亚热带海洋性气候。年平均气温为22.3℃，最高气温为38.7℃，最低气温为0.2℃。每年4~9月为雨季，年降雨量1924.7毫米，常年主导风向为东南偏东风，气候温和，雨量充足。

❋ 分布区域

坂田永胜堂麒麟舞主要分布在深圳市龙岗区坂田街道坂田村（坂田片区）以及香港地区（1950-1980年间）、深圳市宝安区西乡街道（2009年开始）。

❋ 历史渊源

坂田永胜堂麒麟队是在1840年鸦片战争时期组建的，当时为了避免外村人及强盗的欺负，请了一位武术教练熬头四（绰号）来教村里的年轻人习武强体防身。为了增加习武人的兴趣，同时增加收入，熬头四根据猫的动作创编了永胜堂舞麒麟。村里人口不多，青壮年也较少，包括主教练在内，麒麟队共有20人。1841年春节期间，熬头四带着永胜堂麒麟队在各乡村表演，攒些微薄的收入或是物品，补贴家用。之后每一年的春节期间，永胜堂麒麟队都会接到邀请外出表演。熬头四在成立麒麟队之初，立下了行规，新队员入行拜师时，要在祖师爷的神位前上三支香，并报上姓名，接受堂主（负责人）的师训。师训内容包括：第一，当与其他麒麟队相遇时，一定要将麒麟头按低，表示对对方的尊敬；第二，不得未礼拜祖师爷就私自外传舞麒麟和武术；

坂田永胜堂舞麒麟在深圳市 2010 年欢乐闹元宵展演现场

第三，学武之后，不得欺凌弱小，不得在外无故出手打人，不得惹是生非，队员要相互团结，要以麒麟队为荣；第四，入行要从学武开始，没有打好武术基础，不可以学舞麒麟，舞麒麟没有学精，不可以跟队外出表演。除此之外，师训中还会教一些做人的道理。这些师训随着永胜堂麒麟队的发展延用至今。

　　早年一般是在正月期间受村民邀请而表演，偶尔也有在新房架大梁时邀请麒麟队表演，或是麒麟队队员结婚时大家共同表演舞麒麟庆贺。正月外出表演时，他们一般背好被子，扛着麒麟、五架头（乐器）及武术器材走村串户进行表演。每天走 1-2 个村落，走到哪，就由当地请吃饭。晚上借用当地人的房间，麒麟队员们自己打地铺一块睡。永胜堂麒麟队主要在坂田、布吉、平湖等地方进行表演。20 世纪 30-40 年代，永胜堂麒麟队还曾受邀在香港上水、元朗、粉岭一带表演，尤其是本村嫁出的女子会盛情邀请永胜堂麒麟队前去表演。表演每到一处，都受到村民的热情接待，大家用鞭炮来迎接麒麟队。文革时期，永胜堂舞

麒麟出洞

麒麟曾中断过一段时期。70年代末80年代初，坂田永胜堂麒麟舞被发扬光大，曾两次代表宝安县参加广东省大型文艺汇演麒麟比赛；代表布吉公社参加宝安县文化馆组织的武术比赛并获得第二名的好成绩；代表惠阳地区出席广东省麒麟比赛获得优异成绩。改革开放后，坂田永胜堂舞麒麟重振雄风，在2004年深圳市举办的舞龙、舞狮、舞麒麟比赛中赢得第二名；2008年11月，参加广东省第二届麒麟比赛并获得金奖；2008年12月，队员张振扬受邀到马来西亚东马沙巴州的根地咬与当地麒麟队进行交流；2009年，受邀参加全国龙狮大联动（深圳市）活动，也是现场唯一的麒麟表演队伍；2009年8月，参加广东省传统龙狮麒麟比赛，分别获得成人组和学生组两个一等奖，并在名次赛中分别获得成人组和学生组第一名的好成绩。目前，第十一代传承人张志明每周在深圳坂田小学进行永胜堂麒麟舞的教授活动。

坂田村民参加永胜堂舞麒麟祝贺大会

❋ 基本内容

每逢春节拜年、娶妻迎亲、新宅落成时，坂田永胜堂麒麟舞就伴随着锣、鼓、钗的节奏、唢呐的音乐和一阵阵鞭炮声起舞。传统永胜堂麒麟舞表演包括两个部分：麒麟舞套路和武术表演。每次表演前都有拜祭仪式，麒麟头"开光"也很有讲究。

一、表演方式

坂田永胜堂麒麟舞也称为"舞麒麟"，是由两人配合，分别持道具麒麟头和尾，在锣、鼓、钗、唢呐的伴奏下舞动，并通过一系列特定动作，向现场观众传递吉祥、喜庆气氛。永胜堂舞麒麟主要动作是由持麒麟头的人来表演，并与持麒麟尾者配合完成套路动作。持麒麟头者的基本动作为：手握麒麟头侧颌处使麒麟头穿戴于舞者头部，上身微向前倾，腿微屈，上臂平抬，一般略低于肩，屈肘（屈肘幅度根据动作而定），通过前臂的左右前后屈伸，同时翻动手腕，使麒麟头随着节奏左、右、上、下舞动。持

麒麟尾者的基本动作为：穿戴麒麟尾于身，屈腿弯腰，使背部与地面基本平行，手臂向上抬，一般高于肩部，可微弯，两手分别抓并左右麒麟尾部（麒麟背身），使麒麟背拉伸、张开，随着伴奏，侧身并上下煽动麒麟布身，与舞麒麟头者配合完成各种套路动作。舞尾者动作使麒麟布身伸直或起伏，犹如一只腾飞的祥龙，时而跳跃，时而匍匐。

永胜堂舞麒麟包括绕场基本动作和套路动作，每个套路动作之间通过绕场基本动作串联。

（一）表演套路

永胜堂舞麒麟套路动作有：麒麟出洞、嚼脚、弄麒麟尾、打瞌睡、摆青、踢青、采青、水仙花、十字清、鹩花园、麒麟翻王、麒麟退场。

1.麒麟出洞。麒麟出洞是永胜堂麒麟舞表演的开场动作。唢呐响起后，舞麒麟头者向下慢慢低头三次，随着一声重鼓声向上腾空跃出，舞麒麟尾者也随着鼓声和舞麒麟头者一同跃出。此时麒麟犹如一只猛虎出洞一样，威武地绕场巡视。

2.嚼脚。嚼脚动作连贯流畅、轻盈。此时麒麟犹如一只温顺可爱的小猫在舔脚玩耍。

3.弄麒麟尾。弄麒麟尾动作连贯、幅度大。此时麒麟犹如一

只猛虎在展现自己温顺嬉戏的一面，用舌头舔自己的身体，并用前爪拨弄自己的尾巴。

4. 打瞌睡。打瞌睡动作夸张，快慢结合，威猛，头尾配合默契。此时麒麟舞表现犹如两只淘气的小动物，一只似乎玩累了，想打瞌睡，而另一只却在拨弄它，不让其睡；被惊醒后，麒麟像猫一样警惕地竖起身来左右张望，头尾相互配合，相互嬉戏玩耍。

5. 摆青、踢青。摆青、踢青动作可连贯完成，要求舞头、尾者熟练配合，一同向前跃出，再一同向后退。此时麒麟像是在寻找食物，找到后表现出很高兴的样子，就急忙小跑奔过去扑向青，但却又不急于把青吃下去，而是左右舔几下，再含在嘴里玩耍，如同猫抓到老鼠一样，左右拨弄。

6. 采青。此套路中舞麒麟动作优雅风趣。伴奏主要节拍为："嘀 – 嘀 – 嘀 – 嗒，嘀 – 嘀 – 嘀 – 嗒，嘀 – 嘀 – 嘀 – 嗒，嘀 – 嘀 – 嗒，嘀 – 嗒"。

7. 水仙花。此套路中麒麟舞动作缓慢连贯并流畅，犹如一只优雅的猫吃饭后在舔爪子，在散步。伴奏主要以唢呐为主。

8. 十字清。此套路中舞麒麟动作优雅缓慢，并伴有刚硬威猛动作。此时麒麟犹如一只老虎，踩步游玩，却仍有威猛凶狠一面，不失王者风范。

9. 鹧花园、麒麟翻王。麒麟翻王与鹧花园套路是连续完成，舞麒麟头和尾者团身，双膝跪地，双手伏地，并使麒麟布身拉直，在两声敲边鼓后，随钗声上场，舞头和尾者同时向右向后滚地翻身，之后再起身绕场一周。

参加深圳市文化遗产日系列活动

10. 麒麟退场。此时麒麟像顽皮的小孩子，不舍得离开。至此整套麒麟舞表演完毕。

（二）武术表演

武术表演内容为：单打拳（南拳）、单棍、双棍对打、白手对双刀、小刀对藤遮、双节棍、红缨枪、内针对铁钗、内针对凳、内针对藤遮、大刀、快耙、长棍。长棍是整个表演的结束动作。

（三）伴奏

由锣、鼓、钹、滴鼓（双响筒，以敲边鼓代替）、唢呐演奏麒麟舞的音乐，五项

乐器称为五架头。以唢呐为开始信号，一声钹响后，麒麟伴着第一场鼓声跃出场，开始舞起。每个环节动作的变换，都是以乐器的节律变化为准。

二、麒麟头"开光"

新制作好的麒麟，双眼用红纸或红布蒙着，待"开光"后方能舞动。麒麟的"开光"过程，很有讲究。首先要挑选吉时，另备贡品（白酒、茶水、糖果、水果）各二份，生公鸡一只。零时，将其中一份贡品摆在祖师爷的神台上，祖师爷的神位即武师神位，红色镶金边的长方形立牌，中间金色"神"字，两边有告戒语。然后麒麟队员向祖师爷上香，并告知祖师爷："今日为麒麟开光，祈求祖师爷保佑全体队员身体健康，出门风调雨顺，国泰民安。"

通常到了所选择的吉时，麒麟队员一起扛着麒麟头，抬着金猪、三牲（鸡鸭鹅）、水果贡品、香烛和锣鼓悄声出发。途中所有队员不得说话，不得往后看。路上行人需回避，否则行人要行"衰运"，特别是孕妇，因为麒麟是"四不象"的怪胎。麒麟来到预先选择的最茂盛的大树（通常为荔枝树）下，上香、供品、拜天地、祈求平安，其后由德高望重的麒麟队长者揭去麒麟头上的红布或红纸，并用鸡血点睛、耳朵、舌头，然后从头一直滑到尾巴。开光的过程中长者口里念着"点眼看四方、点耳听八方、点舌咬牛羊"。据说鸡血辟邪，所以麒麟头开光是用鸡血。之后，锣鼓大作，鞭炮齐鸣，舞麒麟采青，折下一片荔枝叶衔于麒麟口中，向荔枝树拜三拜。麒麟"出生"时便见到了青青的树叶，这叫做"开光见青"，是吉祥的象征。麒麟队员在鞭炮锣鼓声中，翻腾滚跃，麒麟队的锣、鼓、唢呐、钹及武术刀棍都要在草地上"磨"三遍，接受地神洗礼。之后将麒麟放回祖师爷神台前，将采来的青放在供台上，完成麒麟开光的过程。接下来的第二天，为了庆祝麒麟出生，全村聚集吃饭庆祝，并要表演三场舞麒麟。

❀ 相关制品及其作品

一、麒麟道具

1. 麒麟头：坂田永胜堂麒麟头高约 70 厘米，宽约 45 厘米。一般要严格按照传统的方式，由世代传承、专门做麒麟头的师父来制作。通常麒麟头骨架用竹篾扎成麒麟轮廓，下巴能翕动。用白纸和皮把竹片密封，选用特殊的绘画颜料，用色彩艳丽的花纹、图腾，绘成麒麟头的模样，最后用红纸把麒麟头的眼睛盖住。

2. 麒麟身（背被）：麒麟身一般长 5-6 米，最宽处 1.2-1.3 米，可由麒麟队商议用布的材质，无需特别讲究，但是颈部一定要用黑、白、蓝、黄、红五色布料依序组成，且白色布条上绣"风调雨顺"四字。

二、乐器

锣、鼓、钹、唢呐、滴鼓（双响筒，现改为敲打边鼓代替）（称为五架头）。

三、服饰

一般为传统的武术服。上衣的颜色一般是黄色或白色，并印有"坂田永胜堂"字样。

四、武术器材

大刀、枪、铁叉、内针、二棍、藤遮、凳、长棍、烟斗、双刀等。

五、束盒

表演结束后装利是封的盒。

❋ 传承谱系

代序	姓名	性别	出生年份	艺术分工	传承方式
第一代	熬头四	男	不详	麒麟头、尾	师父
第二代	苏亚有	男	1815	麒麟头、尾	师承
	张宜平	男	1821		师承
	张 运	男	1827		师承
第三代	张 贵	男	1838	麒麟头、尾	师承
	张宜生	男	1841		师承
第四代	张秤生	男	1850	麒麟头、尾	师承
	张 皇	男	1857		师承
第五代	张朝良	男	1864	麒麟头、尾	师承
	马 金	男	不详		师承
第六代	张宜瑚	男	1885	麒麟头、尾	师承
	张 有	男	1891		师承
第七代	刘兆光	男	1902	麒麟头、尾	师承
	张添喜	男	1905		师承
第八代	苏桂香	男	1922	麒麟头;打锣鼓、吹唢呐	师承
	张志扬	男	1912	麒麟头、尾;打钹	师承
第九代	张富安	男	1920	麒麟头、尾;打钹、锣	师承
	叶石福	男	1931		师承
	张志宏	男	1926	麒麟头;打锣	师承
第十代	张新华	男	1944	麒麟头;打锣、鼓、钹	师承
	张振扬	男	1941	打锣、钹	师承
第十一代	张志明	男	1959	麒麟头、尾	师承
	张茂如	男	1968	麒麟头;打锣、鼓、钹	师承
	苏伟贤	男	1961	麒麟头、鼓、钹	父承
	张敏雄	男	1966	麒麟头、尾,吹唢呐	师承
第十二代	张子贤	男	1986	麒麟头	师承
	张 杰	男	1998	麒麟头、打鼓、锣	父承

❋ 主要特征

一、造型特征

麒麟是祥瑞的象征。外型为龙头鹿身，独角牛尾，全身鳞甲，集众多动物的特色于一身，形态庄重，威而不猛，泰而不骄，贵而不俗，灵而不钝，蕴含着自强不息，寓意了向往盛世、平和可亲的精神。

二、动作特征

模仿猫的动作，结合武术的基础功底，通过灵活的舞姿，强烈的锣鼓节奏，在舞麒麟头人伏、卧、弯、腾、跃、跳等动作下，将麒麟的喜、怒、哀、乐、惊、疑、醉、睡等动静神态表现出来。

三、民俗特征

永胜堂麒麟舞作为一种喜庆和祈福的活动，在每年的春节、元宵或是迎亲、嫁娶、企业开张等庆典活动中进行表演。一边表演，一边燃放鞭炮，加上大锣大鼓、唢呐吹奏，气氛热烈喜庆，表达了人们祈求风调雨顺、国泰民安的良好愿望。

❀ 重要价值

一、历史价值

坂田永胜堂麒麟舞有170多年的历史，见证了坂田的历史变化和文明进步。同时，麒麟也是客家传统文化的结晶，是精神信仰的传承和寄托，这对于研究当地客家民风、民俗具有一定的参考价值。

二、艺术价值

麒麟头的制作和花纹图案富有传统工艺美术特色；舞麒麟动作刚柔并济，节奏快慢交替，舞蹈、武术、杂技熔于一炉，将麒麟这个想象的动物通过一套舞蹈动作流传下来，体现出它的民间艺术价值。

三、武术健身价值

舞动麒麟本就要一定的气力，而跃、跳、伏等灵活性动作也有一定的技巧要求，这些都必须通过队员长期习武以强身健体才能很好地达到规定要求。加之坂田永胜堂舞麒麟将武术功底融入到动作中，使中国的传统武术代代相传。

四、社会价值

坂田永胜堂麒麟舞在深圳等客家地区具有较为广泛的群众基础，记载了丰富的民间传统文化。麒麟队员人人以习武为荣，以舞麒麟为自豪，形成了团结向上、互助互爱的氛围。

❀ 濒危状况

1.舞麒麟老师傅相继离世，舞麒麟的高难度动作和绝活面临失传。

2.随着市场经济发展和外来文化的冲击，人们对精神文化的追求已逐渐发生变化，加之永胜堂舞麒麟需要有一定的武术功底，吃苦耐劳的精神要求比较高，传承有一定难度。

3.唢呐是舞麒麟伴奏的灵魂音乐之一，现能根据传统套路完整演奏的只有一位老师傅，由于村民没有音乐功底，传承有一定的难度。

❀ 保护内容

1.调动青年参加舞麒麟，鼓励青少年学习继承这一传统；

2.聘请专业公司拍摄制作坂田永胜堂舞麒麟纪录宣传片，编排永胜堂舞麒麟图册和教学书籍，为后人提供宝贵学习资料；

3.奖励掌握传统的民间艺人，充分肯定民间传统艺人的社会价值；

4.在坂田中小学校内推广舞麒麟，提高青少年对舞麒麟的认知度；

5.积极筹建非物质文化遗产研习中心，并举办各类活动，扩大永胜堂舞麒麟的知名度；

6.定期组织其参加比赛和交流活动，扩大群众影响面。

❀ 已采取的保护措施

1.成立了坂田街道保护非物质文化遗产领导小组，积极推动坂田永胜堂麒麟舞的保护工作。每年拨出一定经费供永胜堂麒麟队的正常活动使用，保证其生存和发展。

2.提供了专用场地供麒麟队进行训练和日常管理。

3.将麒麟队的文字、图片、影像资料进行整理保存，供后人学习借鉴。

4.定期为永胜堂麒麟舞做宣传推广活动，扩大影响。同时，组织参加麒麟舞的表演和交流活动，培养更多的居民对舞麒麟的兴趣。

5.2011年，坂田永胜堂麒麟舞被列入第三批国家级非物质文化遗产名录。

大船坑麒麟舞

保护单位：深圳市龙华新区大浪办事处文化体育中心

双麟会

❈ 所在区域及其地理环境

  大浪办事处位于深圳市中北部、宝安区东部，总面积 37.2 平方公里，建成区面积 15.74 平方公里；常住总人口约 50 万人。下辖大浪、同胜、浪口、高峰、龙胜等 5 个社区工作站，20 个社区居委会。辖区内有各类工业企业 1600 余家。

  大浪办事处地处北回归线以南，属亚热带海洋季风气候，年平均气温 22℃，平均日照 2130 小时，平均降雨量 1800 毫米。境内多丘陵和山地，其中羊台山主峰海拔 587 米，为羊台山森林公园中心区域；北部丘陵为国家一级水源保护区和生态控制区，自然植被保护完好。

  大船坑位于水围社区居委会，老村在大浪河畔（今观澜河上游），当年是水陆码头，交通要道。这里是客家人聚居地区，素有吃苦耐劳、团结互助的精神，民风淳朴。他们有着自己的语言和习俗，而舞麒麟就是其中一项重要的传统舞蹈。

⚜ 分布区域

大船坑麒麟舞分布在龙华新区大浪街道大船坑、水围、浪口村一带，以大船坑村为主。另有香港同胞（原籍为大船坑的为主）经常参与此项活动，在香港有一定影响力。

双刀表演

⚜ 历史渊源

据村民谢来生说：该村现有谢、曾、郑、罗等四姓，均为客家人。其中谢姓一族，远祖出自河南乌衣巷，后经福建三明石壁里迁居于此。先后经历荣、可、文、进、群、日、复、光、祥、国、雍、超、德、育、才、元、广、恩、仁、福、禄、标共22代，代代均习舞麒麟。如以20年为一代推算，舞麒麟习俗在大船坑已历时400多年。

谢姓人刚落居大船坑地方时，累受原住民排斥、欺凌，择居选地均为偏僻山林溪水之所，良田沃地多为原住民拥有，客家人相对为弱势群体，所以，先辈们号召通过舞麒麟习武，强身健体，防身自卫，壮大族群。再加上传言舞麒麟能扬善避邪，兴旺门第，添丁旺财，并能带来风调雨顺，五谷丰登，故此代代相传，十分盛行。

近代以来，大船坑村的舞麒麟一直红火。著名的师父有谢祥万（生于1847年）、谢子华（生于1892年）、谢国珠（生于1909年）等。当时开设有很多拳馆，招收门徒。拳馆不仅传授舞麒麟的技术，而且教授一些防身的基本武功，这恰好迎合了当时社会治安极差的防身保家的现实要求，很多青壮年都积极到拳馆参加学习。每个学员一年都要交给拳馆一定数量的粮食和食油当作学费。鼎盛时期，大浪各村都有一队麒麟。每个队员加入拳馆后，必须先跟着武功较好的师兄学好基本功夫，然后由拳馆的师父传授舞麒麟。经过一段时间的学习后，所有的学员都要进行一次试演，由师父挑选出佼佼者，传授舞麒麟头的技艺。

抗日战争爆发以后，大船坑麒麟舞因日军入侵、兵荒马乱而逐渐衰落，活动时断时续，人员也极不稳定。1949年全国解放后，大船坑麒麟舞再度兴起，曾是村民逢年过节以及重大庆典活动的主要表演项目。但"文化大革命"开始后，麒麟舞作为封建迷信活动被禁止举行，暂停数年，几乎失传。1972年春节，村里重新恢复中断了的麒麟舞，以增添节日气氛。村民们自发征集布票、粮票等用于制作麒麟以及活动开销，自此麒麟舞再度回到民间。改革开放以后，大船坑村民物质文化生活发生翻天覆地的变化，麒麟舞作为客家民间传统活动实现了真正的复兴，各种活动和比赛频繁举办，不少香港居民（原为大船坑村民）也经常回来参加这项活动。

❋ 基本内容

大船坑麒麟舞的麒麟首先要在月圆星朗时"开光见青"。这项仪式颇具神秘色彩，需要在月圆星朗的夜晚，子时之后黎明之前进行，且要在古树下。此时万籁俱寂，麒麟队员捧着麒麟，抬着锣鼓悄悄出发。在"开光"之前，是不能遇到其他人的，否则这个人要行"衰运"。特别是不能遇到孕妇，因为麒麟是个"四不像"，将要"开光"的麒麟等于将要下凡到人世间，撞见孕妇就可能投胎到其肚中，她有可能生出个"四不像"怪胎。麒麟队来到预先选择好的古树下，烧香，供神位，队中最长者虔诚地将麒麟头上的红布揭去，此时锣鼓大作，鞭炮齐鸣，麒麟"出生"时便见到了青青的树叶，这叫"开光见青"，是吉祥的象征。

"开光"后的麒麟要一直留在队里舞，直至散架，不能中途转让或卖给任何人。"开光"后的麒麟成了压邪避灾的吉祥物，无论是祭祀祖宗，还是乔迁新居，抑或生小孩、娶媳妇等，都要舞麒麟庆贺。

大船坑舞麒麟开始前要进行参拜。参拜时一般先拜土地神、井神、祠堂、礼堂，再拜私人住宅。参拜时转8字圈。参拜完毕，主人会回礼一个红包给麒麟队。

麒麟是由头、尾二人共舞，中间换人3次，基本分以下8段：

1.拜前堂。麒麟上场先拜师，以示对师傅的尊敬。

2.走大围（圈）。向现场观众围绕场地走一圈，以示礼貌。

3.双麟会。表演正式开始。麒麟展示各式舞姿，如转头、对视、致礼、嬉戏、翻滚、舔足、舔鳞、舔尾等，不乏幽默、搞笑的动作等，此套动作结束后麒麟头须换人。

4.采青。这是舞麒麟表演的重头戏。麒麟首先要寻青（找树叶，青即树叶）；然后要采青（采摘树叶，作为食物）；其次是玩青（将采下的树叶玩耍戏弄）；最后是吃青（将树叶抢而食之）。此套动作结束后因活动量太大麒麟头尾均要换人。

5.游花园。采青之后，麒麟要在花园里游乐、玩耍。

6.打瞌睡。麒麟游玩后感觉疲劳，要打瞌睡休息，并将之唤醒，此时再次换人。

7.走大围。再一次向观众致意。

8.三拜。结束时三次拜师后退场。

麒麟下场后即开始武术表演。首先是拳术，有以下10个套路：拳打四方；饿虎擒狼；龙头凤尾；观音坐莲；鲤鱼戏水；猴子偷桃；海底捞月；扫堂腿；仙女散花；美人照镜。

表演结束后，有接受赏礼红包等礼仪。

麒麟队在出动的时候很有讲究。所到之处，家家户户都要燃放爆竹，摆出供品迎接。如果没有人燃放爆竹，就表示不迎接麒麟，麒麟队就得绕道继续往前行进，直到有人燃放爆竹为止，这时麒麟队就开始进行参拜。若麒麟队在前进的过程中迎面遇到其他舞狮子队或麒麟队，双方师父必须把自己队的狮头或麒麟

武术套路－拳遮对锐针

头尽可能向下摁，倘若一方高过另一方，另一方便认为对方看不起自己，处理不善很可能会引起冲突，严重的甚至会发生打斗。

各式武术表演是舞麒麟的重要组成部分，时间约占50%。这些项目都很具观赏性和实用性，动作惊险而刺激，体现麒麟队的水准。

为本村表演麒麟舞

舞麒麟乐器的组成有鼓、铜锣、铜跋、锁呐（当地人称喜笛）等。锁呐有自己独特的旋律，主要有以下五段：水仙花－采青－游花园－十字清－燥燥丁－游花园（重复）。敲击乐与吹奏乐相配合，乐曲悠扬动听，吹尽喜怒哀乐之情。每一场都是一次民乐组合演出。其唢呐手选拔很重要，乐曲配合了舞麒麟的全过程，吹奏水平影响全场视听效果。

鞭炮助兴。麒麟参拜家门，出场，舞动过程，散场，庆典祝福都有人放鞭炮助兴，没有鞭炮声就没有热闹，因此事先都有准备。

✿ 相关制品及其作品

制作麒麟是一项高超的民间手艺，集造型、裁剪、绘画多项艺术，在惠阳、东莞、宝安都有民间制作师傅。制作好的麒麟身长约 6 米，首尾呼应，披红挂绿，鲜艳夺目，舞动起来生动活泼。大船坑麒麟平时和刀、枪、棍、乐器等存放在麒麟屋内，从不轻易示人，保持严肃和神秘。

❀ 传承谱系

代序	姓名	性别	出生年份	传承方式
第一代	谢凤彩	男	1787	师承
第二代	谢世高	男	1807	师承
第三代	谢祥万	男	1847	师承
第四代	谢子华	男	1892	师承
第五代	谢国珠	男	1909	师承
第六代	谢超仁	男	1916	师承
第七代	谢马带	男	1925	师承
第八代	谢亚牛	男	1929	师承
第九代	谢天送	男	1934	师承
第十代	谢桂新	男	1940	师承
第十一代	谢玉球	男	1963	师承

❀ 主要特征

大船坑麒麟舞是当地客家人在节日等喜庆活动时的重要民间舞蹈,它传承了客家人的民俗,同时又具有浓郁的岭南地方特色,表演生动,别具一格。从麒麟的"开光"、参拜到出场、武术表演等,都有自己独特的套路与动作。另外,还有拜麒麟、拜神庙、拜土地、拜祠堂、拜水井等系列仪式。

❀ 重要价值

一、历史价值

历久不衰,数十代谢氏族人代代相传,见证家族繁荣发展。

二、文化价值

有鲜明的民俗特征,承载了客家文化的一部分,成为客家民俗的重要组成部分。

三、观赏价值

集舞蹈表演和武术表演于一身,丰富多彩,内涵深刻,雅俗共赏,有很高的观赏性。

四、地方特色

有浓郁的深圳宝安地方特色,别具一格。

五、社会价值

四百多年来,大船坑村民因舞麒麟而形成族群凝聚力,培养团结互助的团队精神,加以倡导习武强身健体,吃苦耐劳,对培养民族精神起到了很大作用。

❋ 濒危状况

目前麒麟队活动经费主要靠带有募捐性质的演出收入，偏低偏少，维持麒麟队自身运作存在较大困难；舞麒麟活动不够普及，参加人员年龄偏大，学习舞麒麟的年轻人少，后继乏人。

❋ 保护内容

对麒麟舞艺术中的道具、服饰、表演套路等的确认、建档、保存、保护、传承、传播、研究等。

❋ 已采取的保护措施

1. 街道办事处在力所能及的范围内，拨给一些经费，同时鼓励社会人士的捐赠；组织调动社区积极性，尽量给予支持。

2. 在节假日以及重大活动时，为舞麒麟提供活动场所和经费，努力扩大麒麟舞的影响力。

3. 2011 年，大船坑麒麟舞被列入第三批国家级非物质文化遗产名录。

上川黄连胜醒狮舞

保护单位：深圳市宝安区新安街道文化体育中心

※ 所在区域及其地理环境

宝安区新安街道地处深圳市西部，东邻
南山区，南临珠江口前海湾，西与西乡街道
毗邻，北与石岩、公明街道接壤，下辖上合、
翻身、安乐等22个社区，面积30.9平方公里。
此地属亚热带海洋性气候，年均气温22℃，
地形以平地为主。辖区内有国道、地铁通过，
交通极为便利。新安街道常住人口66万，其
中户籍人口16.61万。

年逾古稀的黄连胜孜孜不倦教狮步

上合社区位于新安街道辖区中部，古时
曾称"上川"、"八合"等，1950年改称上
合村，并曾在西乡与新安两镇间数次变更所属，1994年划归新安街道。农村城市化后，
上合村分为上合、上川两个相邻的社区。在上世纪九十年代以前，这里的村民一直以
农、渔业为主，并将武术、醒狮表演作为各种喜庆和祈福活动的主要助兴方式，尽管
目前村民已转换身份成为城市居民，但此习俗沿袭至今。

※ 分布区域

上川黄连胜醒狮舞主要分布于上合、开屏、河东、河西、蚝业、乐群、盐田、臣
田等社区。香港、荷兰和印度等地都有其弟子在从事醒狮表演和传授。

※ 历史渊源

黄连胜（1906－1984），原名黄胜华，出生在上合，一生饱经风霜与磨难。九
岁师承曾超明等学习武术、狮艺和医术，约二十岁到香港。1937年开办"叙胜堂武馆"，

传统舞蹈

上合广场表演

地点在香港西环湾仔老大剧院旁（现已拆除），招徒传授武术和舞狮。

上世纪七十年代初，黄连胜先在河东村招徒，接着在上合村打出了"上川黄连胜醒狮团"旗号，挑头拉起了醒狮团，靠自凑资金和海外弟子的赞助，配上了行头道具。短短数年，星火燎原，带动了附近几个村庄的青年人的热情，掀起了习武和舞狮热潮，发展出上合村、河东村、河西村、开屏村、乐群村、蚝业村、盐田村、臣田村八支醒狮队。

"上川黄连胜醒狮团"挂牌成立后，很快名声大震。每逢本村和邻村喜庆节日、新宅落成都有狮舞助兴，祈福求吉。1977年元宵到福田上沙、下沙、新洲为三村表演，引来许多边防武警驻足观看。上世纪90年代初，新安镇上合村和河东村连续两届分别荣获传统醒狮比赛第一名和第二名的好成绩。1997年香港回归欢送驻港部队、2007年4月7日深港大桥通车典礼都邀请了醒狮团前去表演助兴。2009年、2010年、2011年连续三年参加深圳市组织的"非遗"项目展演，获得好评。进入新世纪以来，每年大年初一至元宵，醒狮团都是街道大团拜活动的重点项目之一。

✿ 基本内容

一、表演前的习俗

1. 开光点睛：传统狮舞在新狮表演之前，有一道必经的"开光点睛"习俗。庄重而肃穆。选良辰，定吉时，择吉地，由辈份高的教练，先洗手，后烧香礼拜，指挥四周压住阵脚，按东南西北中、金木水火土摆好五行阵；静场，行礼如仪，绕狮三圈贴三道灵符，再杀鸡用鸡冠血滴入容器，口中还念道："老师傅、老师公、过往神明：今天我们上川黄连胜醒狮团借宝地一方，进行醒狮点睛，请各位扶持保佑，能保则保，不能保请绕道而走。"再用朱砂红笔按先左后右的顺序，点眼睛，念道"日月光明"，点舌时念道"国泰民安"。还有点额头、点角、点背、点身的，有时也就略去。完成点睛后，喝令一声"响鼓"，鼓锣齐鸣，被点了睛的狮子从睡眠状态苏醒，获得了生命和灵气，压住妖魔鬼怪，腾起舞动。整个点睛，规矩森严，不能"犯冲"。

2. 诸多礼仪习俗：凡外出表演之前，必先在师公神位前上香祭拜，拜祭完毕才率队出发。过桥，必先在桥磴边以左右顺序舞一番，最好能够狮须触到水面，既是探财，也是向水中映照的狮子打招呼。进村过牌坊或大门楼，也照过桥礼俗表演；队列行进，可以昂首阔舞，但遇其它狮队，则先抬头后低头表示友好，狮头握手三次，礼毕而别。上门拜年，狮子进门一定是低头闭口，表示对主家的恭

2011 年春节大团拜入场

敬。狮舞为采"青","青"是主家所设的利是包,将生菜、香烟或大桔和红包捆在一起,挂在院内高处,备狮摘取,一定要把"青"(生菜)嚼碎返还主家,以示主家发财(菜)了;将大桔供给主家神位或摆在显眼位置,以示送来大吉大利;这些习俗,既是礼、德的表现,也是瑞兽送吉祥的表现,展示民间民俗的规范。若只是乱舞一番,不按礼数进行,主家就要逐客了。

二、广场表演方式

传统醒狮舞是平地、平台或高台表演,择一较宽敞的平地。三个演员:一个大头佛,一个舞狮头,一个舞狮尾。另有若干打击乐鼓锣镲和旗阵。表演的主题都是"采青"。表演顺序是:

1. 锣鼓声起,大头佛出场,以夸张滑稽的动作表演生活中的各细节形态,先行礼再表演,伸懒腰,搔背扇扇。天黑了找地睡觉。找来两条长凳,架住双肩双脚,腿、腰、背皆悬空。打呼噜拍蚊子。起床后,挑水、泼水、洗脸、刷牙、淘手巾等等。这段是独角戏,演的是三更至五更的生活场景,可长可短,以逗笑逐乐,引人观看。是为戏引。

2. 大头佛在游玩中发现了睡在洞中的狮子,好奇,接近撩拨,试探,逐渐消除敌意、友好相处、嬉戏玩耍。此时狮的表演接近"文狮"，以睡伏、惊醒、疑惑、懒动、小动，表现憨态可亲状。一人一狮和谐玩耍，走出洞外，绕场数周，边绕边玩。累了、饿了，找"青"；青在山上，于是望青，寻找上山路。

3. 上高台采青：台是几张平底桌或长凳叠起，含意山坡由低到高。山路崎岖，饥饿难耐，狮子有点急躁，出现了较大动作，显出武狮本色。上山采青过程，几经反复，把狮子的各种情绪一一舞动出来，喜、怒、惊、疑、怕、静、动、寻、见、望，采到青的狂喜、翻滚、闪转腾跳。高难动作尽兴而出，如高台探水，打双飞脚。为调节体力，狮头狮尾演员在高台上互相转换，这是一个绝招，一般观众不易察觉。高台翻滚，又是一特色招。这段是高潮部份。"武"狮的勇猛性格，表露无遗，没有武术功底是难以完成的。

表演完毕，向四周观众行礼致谢，向伴奏者行礼致谢，卸具退场。

整场表演，如戏如舞如故事，既有风趣逗乐情节，又有惊险难度展示，让人有淋漓酣畅之感。表演时间可长可短，长可超一小时以上，短也可一二十分钟，视观众兴趣和演员体力而定。

三、破阵表演方式

阵是主家出给舞狮者的考题，是意会的象形阵式。用简单的家具木柴陶盆摆个阵式，让狮子通过既定章法破阵，才能采到青，否则红包拿不走。这里着重说明"七星伴月阵"和"蟹阵"的破法：

"七星伴月阵"，其实是一大七小，八个有盖的陶瓷盆，大盆在中间，周边围着七个小盆。每个盆中均放有青，中间盆里的最丰厚。要想取到青，必须先破盖，又不能见盖破盖，或用手掀盖，这违反章法。其破法是：先按过桥礼数舞过桥，然后按五行八卦各方位围着阵式舞一番。狮头再从正东方向的小盆用脚蹬破盆盖，取出盆里的青传给狮尾，再按东南西北的顺序逐个破盖取青，最后才破中心大盆。将红包收好，将青撕碎返给主家。破这个阵的技巧在于狮头用双脚破盖。

"蟹阵"：场地中间倒扣一箩筐，围着箩筐的是木柴，示意蟹的蟹钳和八条腿。醒狮按八卦之序，从乾位出发舞一圈后，再从坤位踩上箩筐（蟹壳）。用左脚踩住左边大钳，狮嘴叼住右边大钳，传给狮尾，以同样动作卸掉左边大钳，然后按先左后右的顺序逐个吃掉八条腿，最后才掀翻蟹壳，取出青（利是），将青弄碎返还主家。

破阵的讲究是以三星、五星、七星鼓点指挥，不能乱套。破阵的顺序不能出错。

上川黄连胜醒狮舞

长蛇阵从七寸破起，蜈蚣阵从阵尾破起，破出的细腿（木柴）要摆出吉利字样，不能乱摆等等。必须按五行八卦指定位置，起舞落脚，规矩森严，不能乱舞。

四、狮舞表演的基本技术与步形步法

基本技术有：狮的伏、坐、蹲、叩首、跃、翻、摇头、摆尾、望、昂头、原地绕头、交叉跳步、喝水、舔尾、舔身、舔脚等。舞狮头者要求灵活、有力、身轻为佳，舞动时要展示神情表达。要求是三弯：腰、膝、肘，身体稍前倾，高狮不露头。握狮头棒方法有单阴手、单阳手、双阴手、双阳手。开口式多用在中下架势，合口式多用在高架式，或狮态喜、擦、摆动时。舞狮尾者一般是弯腰伛背，配合狮头做小幅步形步法，

1992 年参加西乡镇醒狮比赛

是整个狮舞动幅度大小的控制者，所以必须高大、有力、灵活，才能做出托举狮头上膝上肩的动作。大头佛是狮舞引导者，指挥者或称默契的发动者。

五、武术表演

向观众表明武功是舞狮的基础或称武舞同源，互济互润。舞狮者，既是舞蹈演员，也是武术运动员，兼而有之。武功是底，舞狮是形。黄连胜以洪门拳为主流，结合南拳洪、刘、蔡、李、莫五大拳种和南少林十大流派的精华，自创了 36 点、72 点、108 点不同层次的拳法，编成实用的套路，提供给青少年从入门到提高的不同阶段习武之用。由于是口传心授的教法，未能形成系统文字。现今的武术表演，从徒手到器械都有，既有黄连胜的传统套路，也有新发展的套路。

传统舞蹈

六、伴奏

大鼓 1，大锣 1，小钗 1 对，大钗若干对，鼓为指挥，是狮舞的核心和灵魂。常用鼓点为单、三星、五星、七星、三七声、流水、声头、摆头、水波等。锣、钗跟着鼓点的指挥。打奏用法则有长、短、快、慢、轻、重、缓、急、急停、连扬等。三、五、七星鼓已频临失传，会打的人不多，且离开了舞狮行。现今鼓点离传统鼓点相距甚远。不论是队列行进还是其他表演，都是在锣鼓的配合伴奏中进行的。

七、外出表演程序

1.逢年过节狮舞祭拜顺序为：

祭拜狮舞祖先 – 礼拜师傅和长老 – 挨村挨家礼拜。

2.挨村挨家礼拜顺序为：

狮队临门 – 主家放鞭炮（如受邀而来，则低头闭口入门，祭拜主家先人牌位）– 退出屋门，在院内或门前舞狮，绕场一周致礼三次 – 采青接利是、返青、送福 – 退后 – 拜主家三次 – 狮队退出 – 主家放鞭炮。

❈ 相关制品及其作品

武术表演分徒手和器械两种。徒手的有一两个垫子即可（防摔）。器械的则以十八般兵器如刀枪剑戟棍之类，一般从外面购买。

醒狮表演所需道具以狮服（头与尾）、鼓乐、平台、梅花高桩及各色旌旗为要件。较难的是狮头，只能购买，价格不菲。现今狮头颜色有黄、红、黑、金、白等，品类分大中小，色彩鲜艳醒目，头大口大尾稍长，大眼阔嘴，牙齿能隐能显，眼能合，嘴能张。狮尾狮腿狮角颜色与狮身相吻合，并缀以闪光珠鳞片，装扮起一个完整的狮子，要求是高狮不露头。

鼓乐：大鼓 1，大锣 1，小锣 1 与大镲若干对。根据表演的需要，特制作锣鼓架与旌旗架合为一体的"旗鼓阵"，占地约 3 平方米，鼓架高 1.3 米，鼓手站桩高 0.9 米，锣架高 1.2 米，帅牌和团旗呈扇形插桩；另有不绣钢特制的四方鼓架，每边长 0.8 米；还有弓型锣架，弧高 1.45 米，可放平板车上运行。此为特制道具，鼓阵旗阵一摆，威风自来。

平台是若干张方桌堆砌而成，每层高 0.8 米，可堆至四层。

梅花桩为铁制基脚，柱状，按不同间距立桩 25 根，有单有双，有高有低，低桩 1.18

米，高桩 2.6 米。

此项目中，现已有狮具市场可购买。而高桩及鼓阵架则为自己制作，有工艺价值。

传承谱系

代序	姓名	性别	出生年份
第一代	黄连胜	男	1906
第二代	黄兴良	男	1953
	陈　达	男	1923
	伍锦和	男	1932
第三代	黄锦胜	男	1952
	黄照泉	男	1962
	陈玉堂	男	1967

主要特征

一、地域特征

狮舞（上川黄连胜醒狮舞）是富有岭南地域特色的传统舞蹈，其舞蹈语汇相当丰富。狮舞中的动作设计和相关道具的运用，往往与岭南沿海一带的生产、生活内容密切相关。

二、传统文化特征

狮子在中国传统文学作品中往往被描述、塑造为一种威猛灵巧、令人喜爱的瑞兽。狮舞通过多种环节的呈现，不仅张扬了狮子的形象和个性，也使得传统文化元素渗透其中，体现了狮子与人类相通的各种情绪和性格。

三、民俗特征

上合甚至新安人习惯认为舞狮有驱邪镇妖之功，有如意吉祥之兆。当地逢年过节，商号开张，嫁娶生子，舞狮助兴已成为必不可少的风俗，表演前的“点睛、采青”有着突出的民俗特点。

重要价值

一、历史价值

流传百年的狮舞，是一幅立体而艺术化的历史画卷，它融入了我国南方、特别是珠三角民众的生活观念、个性和情感，研究醒狮舞将有助于对珠三角地区历史及民俗、民风的研究。

二、社会价值

狮舞具有广泛的群众基础。狮舞活动的发展和普及，将有助于政府推行精神文明创建和大众健身计划，对文化繁荣、经济繁荣也将起到积极的促进作用。

三、民俗学价值

狮舞的产生、流传背景，表演前和表演时的各种规制、讲究、禁忌、祈愿，狮舞的各种套路和舞法，涉及和蕴含了难以数计的民俗知识，堪称为一部民俗小百科全书。

四、艺术审美价值

狮舞表演具有很强的情节性、悬念感和节奏感，场面惊险刺激，舞蹈动作高雅、优美，体现出很高的艺术美感。

✳ 濒危状况

上合人有舞狮及习武传统，即使在生活方式已经现代化的今天，仍有不少青少年在上川黄连胜醒狮舞传人、教练的指导下学习狮舞，八个社区分团中共有近千名学员，其中还有部分女性学员。上合股份合作公司决心对醒狮舞加大保护力度，黄连胜的弟子在公司董事会任职，另外七个醒狮分团所属的股份公司都有黄连胜弟子任重要职务，也有利于各项保护措施的实施。但狮舞还是面临一些困难，一是经费不足制约发展。醒狮团主要是自筹经费，依靠向团员募集资金、社会赞助和演出"红包"维持运行，力不从心；二是人心浮躁影响坚持。老艺人萌生退意，青年人忙于挣钱，少年们在家长的干预下专心学文化，难以进行系统训练。打鼓点的传统绝技恐将失传。

✳ 保护内容

1. 鼓励青年人跟随传承人学艺。

2. 完善档案并建立数据库。

3. 保存具有史料价值的实物。

4. 保护醒狮舞传承、发展环境，保障训练、演出场地不被侵占。

5. 与中山大学、深圳大学联合成立狮舞研究会，对上川黄连胜醒狮舞的传习方式和发展模式进行专项研究，研究成果集结出版。

6. 投入适当经费，通过省内各媒体加强对上川黄连胜醒狮舞的宣传。

❋ 已采取的保护措施

1. 2002 年起，村委会成立了"上合青少年活动中心"，将醒狮团纳入"青少年活动中心"管理，保障正常训练；中心提供 500 多平方米的场地作为训练用地，并提供建筑面积超 900 平方米的二层大楼，用作醒狮团办公及存放道具。

2. 由黄连胜的几位弟子任醒狮团教练，由"青少年活动中心"聘请，兼职辅导。

3. 已将现有的上川黄连胜醒狮舞文字、图片、影像资料妥善保存并整理，供后人学习借鉴。

4. 新安街道专门成立"龙狮协会"，由街道文化体育中心负责管理，着意保护该项目。

5. 2012 年，上川黄连胜醒狮舞被列入广东省第四批省级非物质文化遗产名录。

松岗七星狮舞

保护单位：深圳市宝安区松岗街道文化体育中心

❄ 所在区域及其地理环境

　　松岗街道地处北回归线以南，东经113°50'，北纬22°46'。位丁广东省南部沿海珠江口东岸，深圳市宝安区西北部，东临公明街道，南连沙井街道，西北与东莞市接壤。面积92.1平方公里，总人口约80万人，其中户籍人口2.1万人。2004年7月由松岗镇改为松岗街道办事处，现辖18个社区居委会。区域内的河流属珠江口水系茅洲河流域，有茅洲河、松岗河等五条主要河流。

❄ 分布区域

　　松岗七星狮舞分布于深圳市宝安区松岗街道的山门、东方水围、沙浦、燕川、罗田、塘下涌等社区。此外，在相邻的公明、太平，以及香港、英国、荷兰等国家和地区亦有分布。

❄ 历史渊源

　　七星狮舞在松岗等地流传的历史，至少已有一百多年，而它出现的初始年代可能更为久远。这项民间舞蹈活动的开展与当地民众对南宋著名爱国将领文天祥的敬仰和怀念密切相关。据考证，文天祥被俘后，跟随他举兵抗元的侄儿文应麟及其亲眷为避杀身之祸，流落至此。松岗的原住民多为文氏后代，即使不计分布于海外的，松岗文姓也为数众多。文天祥忠勇不屈的事迹，深深感染着文氏子孙，激励着他们的爱国爱乡情结。他们在此征服了一次又一次天灾人祸，经受了一次又一次血与火的洗礼，前仆后继，奋斗不已。尤其明清以来的几百年间，他们为抗倭抗葡、抗荷抗英、反帝反封建反殖民统治，揭竿而起，浴血奋战，文姓后人舍生取义，喋血沙场。明洪武年间为纪念文天祥而兴建的文氏大宗祠至今保存完好，而每年的七星狮舞表演必定要在文氏大宗祠前举行，其中蕴含了对文天祥大义凛然的民族气节和尚武精神的推崇、传承之意。

　　清末民初时，舞狮队进村，村里人往往"毒蛇拦路"——将眼镜蛇摆在村口，借以考验舞狮者的胆量和武艺是否高强，以后七星狮舞逐渐将此演化为"逗蛇"，"逗蛇"也必须是"逗"活的眼镜蛇。由于"逗蛇"极为惊险刺激，已成为七星狮舞中最重要的舞法。

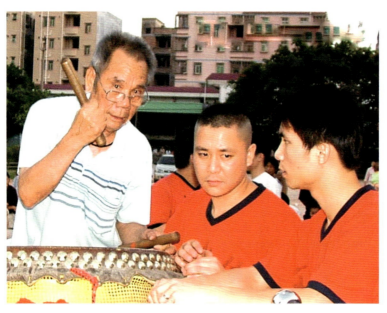

国家级代表性传承人文琰森在授艺

　　清朝末年，松岗青年人习武之风日盛，年节期间舞狮亦渐成习俗。至上世纪二十年代，松岗的山门、东方水围、沙浦、燕川、罗田、塘下涌等村落都有人舞七星狮。生于 1938 年的松岗山门村人文琰（此为艺名，本名文琰森，他是文天祥的第二十六代侄孙），自小就对狮舞表演和武术产生了浓厚兴趣，更因其兄在醒狮团打镲，他 8 岁时就随兄在醒狮团旁学。1947 年，年满 9 岁的文琰正式拜"七星狮"传人焦贤为师，当时焦贤一直在松岗、公明、东莞一带传授"七星狮舞"和武术。据文琰回忆，焦贤师傅时年 40 开外，而焦贤曾说过自己是 10 岁时在松岗开始学习"七星狮"的，据此可推知松岗的七星狮舞历史至少已有一百多年。

　　文琰在焦贤师傅门下苦练十数年，掌握了七星狮舞的各种套路和舞蹈动作，并熟悉伴奏鼓乐及锣、鼓、镲等各类乐器的应用，他是松岗七星狮舞的第二代传人。文琰学成后，在 1968 年去香港正式当教头传承七星狮，在桃园围、元朗、屏山、围村、流浮山下村等地广收弟子。1976 年，他远赴英国、荷兰传授七星狮，把中国传统的民间舞艺推向了世界。他的高徒文英纳于 1976 年去英国成立武术馆并传教七星狮，以后文英纳的十几名徒弟也可出场表演。1979 年，文琰回到香港，又收学徒 3000 多人。1992 年起，文琰主要在广东东莞、太平、虎门、长安一带授徒，仅在东莞就收了 80 多名学徒。他后来回到松岗，在山门、东方水围、沙浦、燕川、罗田、塘下涌等村收授学徒 300 多人，远近村子还纷纷来请他去办团传艺。2006 年 2 月 22 日，文琰在松岗街道成立了"山门文琰醒狮训练社"，先后培训了来自广东韶关、东莞、博罗、河源、潮州、茂名及湖南、湖北、广西、河南、四川等地的三千多名弟子，已成为深圳及香港声望很高的狮舞门派，松岗则村村有七星狮队，弟子的弟子也已登台表演。

　　近一个世纪以来，七星狮舞表演仅抗日战争时期和"文革"时期中断过若干年。改革开放后，七星狮舞表演在松岗全境和邻近地区愈渐红火，成为当地人民生活中不可或缺的文化盛事。2000年以来，文琰率弟子参加松岗街道的舞狮拜年表演和对文天祥及文氏先祖的祭拜活动，各路弟子纷纷前往捧场，周围乡亲涌来观看，锣鼓声、爆竹声、喝彩声此起彼伏，好不热闹，累计观众达十万人次以上。

❀ 基本内容

一、松岗"七星狮舞"的特点

　　据文琰介绍，"七星狮"和现今在岭南一带较为流行的"三星狮"的区别，主要在伴奏鼓乐的节奏、步法和造型。"三星狮"的鼓声为五拍，而"七星狮"为"七点半鼓"，即七拍半（在乐队起引领作用的鼓点总是后半拍进入）。步法上，"三星狮"为"低马"，基本没什么走步法，而"七星狮"则讲求步法，有碎步、骝马步、弓步、麒麟步等多种，造型也有多样，如狗形、鹤形、八马朝头，单蹄等。懂得七星狮舞的

"写书法"玩法

人都曾学过武功，因此他们的表演既虎虎生威，又身手轻捷。

二、松岗七星狮的颜色、步伐以及动作的分类

1.传统七星狮舞的狮头颜色有：黄色、黑色、红色、白色。松岗民间习惯将各色狮头指代三国中的人物：黄色代表刘备，黑色代表张飞，红色代表关公，白色代表关公义子关平。四种颜色中以黄色为尊。

2.狮身以黑色为主，诸种颜色的狮头可兼配各色狮身。

3.松岗七星狮舞步的形态动作：黑色醒狮舞步动作有力刚劲，步法有"起飞脚"，俗称"八马朝头"，神态活泼生动。黄色醒狮舞步动作以轻柔慢步为主，俗称"举头不露面"。红色和白色醒狮舞步动作稳健、扎实。

4.一般将黑狮、红狮、黄狮列为"武狮"，将白狮视为"文狮"。

三、松岗"七星狮舞"表演前的主要传统习俗

1."开光"与拜祠堂

点睛时根据黄历当年的朝向，选择最佳时间为狮子"点睛"。事前要先"净手"，然后烧香拜神，法师绕狮子三圈，号下三道灵符贴在狮头两侧靠近后脑三寸处，据说这是防止妖魔鬼怪跟踪。"点睛"正式开始，法师抓起一只早已准备好的公鸡，挤出鸡冠血滴入旁边的朱砂盆，此时狮子匍匐在地，法师用朱砂红笔边"点睛"边念叩谶语："左点青龙，右点白虎，再点本门兄弟，百战百胜，大显威灵"，按照眼睛、额头、鼻、嘴、耳、腰身、后脚的顺序"点睛"，只见朱砂红笔在法师手中飞舞，片刻功夫便完成狮子"点睛"，全场欢腾，鼓乐齐鸣，爆竹大响。

被"点睛"的狮子迈动欢快的步伐来到村头榕树底下，采榕树叶子，即"采青"。"采青"之前，狮子的嘴巴要用红绳封好，用三尺红布扎住狮子角，称"封红挂角"。据说因为狮子是兽，怕它吃人，咬东西，必须让它"采青"吃饱，这样就不会伤害人类和牲畜。采完青后，狮子再行三拜九叩礼，此时锣鼓爆竹声再度响起，至此整个"开光"仪式结束。

古时狮舞表演要先拜祠堂。老师傅每逢喜庆日子必须拜祠堂和先祖，他先选定好吉祥朝向，便领着徒弟从吉祥方位进村，先贺大水井、土地公、大榕树，再贺村中的大祠堂（即祖宗的祠堂），其后再贺一房祠、二房祠（俗称长房厅，二房厅等）。当老师傅来到神坛祖先的神位处，醒狮就要向神位叩拜，其后再拜其他祠堂（由长房祠开始拜，狮子的步法与贺大祠堂的步法基本一致）。

2.狮子起舞仪式

七星狮舞表演前还要先选择一块空地，烧香拜神，以赋予狮子灵气。传统的七星狮舞中，"大头佛"扮演着重要的角色。表演前，"大头佛"和狮子先睡觉，待鼓声三更响起，"大头佛"和狮子起身，"大头佛"带着狮子巡场地一圈，向四面人群、东南西北四角行三拜九叩礼，礼毕，"大头佛"和狮子返回原地继续睡觉。待鼓声五响（代表五更天亮），"大头佛"先行起身洗刷，然后开门拜神，拿着葵扇拍打狮子。酣睡的狮子此时拘泥作态，擦洗嘴脸伸懒腰，自此，一只威猛而神奇的"百兽之王"跃然而起，爆竹声、锣鼓声随之大作，为其助威。

四、表演的套路

七星狮舞由起鼓开始。伴奏乐以打击乐为主，鼓为"司号"，不同的节奏编排引导不同的狮舞动作招式。各职司人员几十人都穿上灯笼裤，举着绣有各色图样文字的两面旗帜，在鼓乐中轰轰然登场。七星狮舞的基本步法注重马步，多以四平大马为主，配以跳跃步法、麒麟步法、交叉步法、弓步、丁步、虚步、靠步、反步、什步等多类步法，狮头与狮尾协调默契，狮子的动静与鼓乐的节奏配合，鼓乐节拍明朗，轻重快慢张弛有序，与舞狮动作环环相扣，相映成趣。

五、七星狮舞的几类舞法

主要有：逗蛇、逗蜈蚣、逗螃蟹、逗鲤鱼、踩砂锅、狮子书法等。

※ 相关制品及其作品

一、制作"七星狮"的材料

七星狮表演所需道具以狮服（狮头与狮尾）、鼓乐、平台及各色旌旗为要件。较难得的是狮头，过去民间有很多制作师傅，而今已难以找寻，只能向制作专店购买，价格不菲。狮头主要颜色分为黄、红、黑、金、白等，鲜艳醒目。品类分大中小，要求头大口大尾稍长，大眼阔嘴，眼能合，嘴能张，牙能隐能现；狮尾、狮腿、狮角颜色与狮身相吻合，并缀以闪光珠鳞片，装扮起一个完整的狮子，标准是"高狮不露头"。

二、"七星狮舞"表演用的乐器

28寸圆鼓1个、9寸锤1付、高鞭中鼓1个、锣1个、京铲（镲）1个、中铲2—3个。

❋ 传承谱系

代序	姓名	性别	出生年份	传承方式
第一代	焦贤	男	不详	师传
第二代	文琰	男	1938	师传
第三代	文英纳	男	1954	师传
	文国鸿	男	1967	师传
	张贵宾	男	1979	师传
	曾艺恩	男	1981	师传
	黄志光	男	1979	师传
	丁伟荣	男	1982	师传
第四代	李政南	男	1994	师传

❋ 主要特征

一、地域特征

松岗七星狮舞是富有岭南地域特色的民间舞蹈，其舞蹈语汇相当丰富。狮舞中的动作设计和相关道具的运用，往往与岭南沿海一带的生产、生活内容密切相关，如七星狮舞表演中的"逗蛇"、"逗蜈蚣"、"逗螃蟹"、"踩砂锅"等舞法都为岭南沿海所特有。

二、传统文化特征

狮子在中国传统文学作品中往往被描述、塑造为一种威猛灵巧、令人喜爱的瑞兽。"七星狮舞"以鼓乐雄壮、动作威猛而著称。这是松岗等地长久以来形成的一种文化现象，已被广大群众所认可。七星狮舞通过多种环节的呈现，不仅张扬了狮子的形象和个性，也使得传统文化元素渗透其中，体现了狮子与人类相通的各种情绪和性格，如表演时要求讲究"狮德"，表演中"文狮"的出场和"狮子书法"环节，构思奇特，文化意蕴十足，旧时人们对"功名"的追求在此得以很好展现。

三、民俗特征

岭南人习惯认为舞狮有驱邪镇妖之功，有如意吉祥之兆。在古代松岗，人们喜欢在节日庆典上，使用木、布或纸扎狮子，敲锣打鼓，翩翩起舞，庆祝丰收，表达喜悦，以后舞狮便逐渐成为松岗人喜庆和祈福的一项重大民事活动并兴盛起来。逢年过节、嫁娶生子，醒狮团都要敲锣打鼓，穿村过户舞狮助兴，成为必不可少的风俗。表演前的"点睛、采青、拜堂"和"大头佛"带着狮子行三拜九叩礼习俗，也有突出的民俗特点。

✳ 重要价值

"蛇型"玩法

一、历史价值

松岗的历史已有上千年，文天祥后人流落至松岗并繁衍、生息也有七百多年。"七星狮舞"在松岗至少已流传一百多年，有助于对松岗历史和民风的研究。

二、社会价值

"七星狮舞"在松岗具有广泛的群众基础，山门文琰醒狮培训社在广东沿海地区及港澳地区有着很高的知名度，它所培训的六千多名弟子，在香港及海外的就有一半。以七星狮舞为平台，以表演、传承、交流为契机，在海内外文氏后人中形成感召力，凝聚爱国热情，为祖国和家乡建设作出贡献；对于加强与海外侨胞和港澳同胞的紧密联系，促进国内外经济、文化交流，其作用也不可低估。

三、民俗学价值

松岗七星狮舞的产生、流传背景，狮舞表演前和表演时的各种规制、讲究、禁忌、祈愿，狮舞的各种套路和舞法，更是涉及和蕴含了难以数计的民俗知识，为当地乃至南粤的民俗研究提供丰富的信息元素。

四、艺术审美价值

松岗七星狮舞的发生背景和承载的使命与一般狮舞不尽相同。它的套路设计，它特有的舞步和伴奏鼓乐，使表演具有很强的情节性、悬念感和节奏感。尤其在"逗蛇"

环节，表演者需较长时间以舞蹈形态与活眼镜蛇缠斗，场面既惊险又刺激，为狮舞表演所罕见；功力深厚者表演的"起飞脚"、"举头不露面"等舞蹈动作，

"狮子过桥"玩法中的上桥姿势

高雅、优美而准确，给观者以很高的艺术享受。此外，"七星狮"的狮头、狮身、狮尾制作精巧，其花纹图案富有传统工艺美术特色和艺术美感。

❈ 濒危状况

目前，松岗七星狮舞在传承方面存在着危机，首先是第二代传承人、领军人物文琰已70多岁，虽然他在狮舞表演、传授方面亲力亲为，但毕竟年事已高，而他的弟子中尚无人能全盘接班；其次是如今年轻弟子学习狮舞往往害怕吃苦，难以掌握全套技艺，特别是"逗蛇"，有一定危险性，年轻弟子怕被蛇咬，一般不敢尝试，这项绝技恐将失传；再次，狮舞队员中有的年龄偏大，已不能胜任表演，将逐渐"退伍"，要想保有一支精干的狮舞队伍困难较大。此外，保护措施不落实，表演队伍缺乏资金和训练场地，积极性受到挫伤，也使得舞蹈技艺难以正常传承。

松岗七星狮舞是值得珍视的非物质文化遗产，我们应当采取切实有效的保障措施，使之继续以旺盛的生命力活跃于岭南大地。

❈ 保护内容

1. 从根本入手，做好松岗七星狮舞的保护工作，将代表性传承人的保护工作放在首位，保护老艺人，保护作品，保护传统文化。

2. 鼓励年青人跟师傅学习，让狮舞表演技艺得以有效传承。

3. 将狮舞表演的文字、图象、录音和录像资料完整地保存下来，供后人学习借鉴。

4. 确定传承人，加强对传承人（团队）的扶持、培养工作，健全七星狮舞传承体系。

5. 加强对狮舞传统文化的宣传推广工作，使之具有广泛的群众基础，将狮舞培植成群众文化的主流项目。

6. 适当投入资金，有计划地组织狮舞表演人才培训，特别是与活蛇对舞的绝技培训，确保绝活不致失传。

❋ 已采取的保护措施

1. 已成立松岗街道非物质文化遗产保护工作领导小组。

2. 对松岗文氏山门文琰醒狮培训社的培训及传承活动实施重点保护。

3. 不断招收年轻学员，补充舞狮队伍的新鲜血液。

4. 已作出计划，尽可能组队参加有关赛事或观摩活动。

5. 提供专用场地进行训练。

6. 2011 年，松岗七星狮舞被列入第三批国家级非物质文化遗产名录。

传统技艺

香云纱染整技艺

红釉彩瓷（满堂红）烧制技艺

香云纱染整技艺

保护单位：深圳市香云莎服饰有限公司

✿ 所在区域及其地理环境

香云纱染整技艺广泛流传于南方沿海地区。深圳市地处广东省中南沿海，以低山丘陵地形为主，属亚热带海洋性气候。河涌密集，河泥含铁成份丰富。山林资源丰富，盛产薯莨。阳光充沛，年平均日照数为 2060 小时。东临大亚湾，西濒珠江口，北与东莞市和惠州市接壤，南与香港特别行政区仅一河之隔。

深圳市海岸线长约 230 公里，海洋资源丰富。自夏商时期始，深圳地区便是百越部族远征海洋的重要驻居点之一，他们善捕鱼，以航海维生。这些独特地理环境和人文资源是香云纱工艺形成并发展至今的必备条件。

✿ 分布区域

解放前，香云纱染整技艺主要分布在广东省深圳市南头（含南山区南头古街）、葵冲（今龙岗区葵涌街道办）、梧桐山、东门（今罗湖东门老街晒布路）一带。由于城市功能设置的改变，香云纱染整技艺现已集中在深圳梧桐山南麓。

✿ 历史渊源

解放前，广东即是中国的主要桑蚕茧产区之一。至二十世纪 80 年代末，广东成为全国仅次于四川、江苏、浙江的第四大桑蚕茧产区，正常年景全省桑蚕茧产量为 2 万至 2.4 万吨。

凭着得天独厚的气候条件和具有悠久历史的"蚕桑、鱼塘、甘蔗"三者之间密切相关的生态平衡，独特的传统产品香云纱就诞生在这块肥沃的土地上。

越人（粤人）使用山薯莨汁来染织物和皮革由来已久。北宋科学家沈括在《梦溪

民国初年身着香云纱的大家闺秀

笔谈》中记载："《本草》所论赭魁（即薯莨），皆未详审。今赭魁南中极多，肤黑肌赤，似何首乌。切破，其中赤白理如槟榔。有汁赤如赭，南人以染皮制靴。"可见，早在宋代，广东人就掌握了用薯莨汁液浸泡纺织物，以使其改变性状的工艺。明末清初著名学者屈大均在《广东新语》中亦记载薯莨汁液有防腐作用："薯莨，产北江者良。其白者不中用，用必以红，红者多胶液，渔人以染鱼罾，使苎麻爽劲，既利水又耐咸潮不易腐。……更或染以薯莨，则其丝劲爽，可为夏服。不染则柔以御寒，粤人甚贵之，亦奇布也。"屈大均此处所说"甚贵之"的"奇布"，即是指香云纱。除此外，屈大均在《广东新语》中还记载："又有罾布，出新安南头"。其中"罾布"即是苎麻所治薯莨布，用以罾鱼；"新安南头"即今深圳市南山区的古称。由此可知，至少在清代深圳人就已用薯莨、苎麻和丝纱染制鱼罾布和香云纱。老深圳人称香云纱为"十丈乌"（乌在客家方言为黑色的意思），深圳罗湖东门老街附近的晒布路，即是因当年大量生产、交易香云纱而得名。

民国时期，南海县首创了经线组织为绞纱组织的新产品，其外观具有扭眼通花图案的效果，俗称"白坯纱"，经过晒莨（即将白坯纱浸入薯莨汁液后晾晒）后的产品称为"莨纱"，即香云纱。产品一经上市，即大受国人及国外华侨的欢迎，长销不衰，这是广东丝织行业具有划时代意义和深远历史影响的创举。在当时，香云纱面料的价

摊晒莨绸

格相当于棉布售价的三倍左右，是那个年代的高档产品。而在早期，每匹薯莨纱售价为白银 12 两，属于极为贵重的丝绸纺织产品。

根据历史统计资料可知，广东丝绸的鼎盛时期，应为第一次世界大战后的 1922 至 1925 年间。珠三角一带丝厂的缫丝车多达 13 万台。1922 年的生丝产量有 3100 余吨，家庭小作坊生产的土丝有 3000 吨；集中于珠三角的小丝织厂多达丝织机 3 万余台，年产纱绸约 4000 万米，有晒莨用地 500 余场。丝类及纱绸织品出口占广东出口总量的六成以上，远销欧美、印度、南洋等地。凡华裔居民以及航运业、捕鱼业人士较为集中的地区，香云纱尤其成为集中销售对象。

20 世纪 30 年代，由于爆发了世界性的经济危机，欧美各主要用丝国为了紧缩外汇支出，逐渐以本国生产的人造丝替代生丝生产绸缎，以香云纱为主要代表的广东丝绸业受到沉重打击，一落千丈。

晒布现场

新中国成立后，香云纱这一传统手工产品在党和政府的大力扶持下逐渐恢复了生机。上世纪 70 年代初，广东省轻工业厅为了规范香云纱的生产，会同省商业厅制定了香云纱主要传统坯源"白坯纱"的生产标准。

代表性传承人欧阳小战（右一）在晒场进行传承

从 20 世纪 30 年代，深圳龙岗的欧阳世家即已掌握全套"香云纱染整技艺"，其后人在面料着色及服饰系列产品的设计、生产方面不断创新，扩大了香云纱的生存、发展空间。近年来，欧阳世家及其公司积极参与文博会、上海世博会、广州亚运会、深圳大运会及各类大型国际文化交流活动，在大力宣传香云纱这一优秀的传统文化上起到了积极的推动作用。目前，深圳市香云莎服饰有限公司年生产、陈化香云纱面料约 10 万米，他们用香云纱面料生产、加工的服饰系列产品，除面向国内大中城市销售外，还有相当部分出口到日本和欧美等地。

❋ 基本内容

香云纱染整技艺是目前世界上纺织品中唯一保留天然植物染料薯莨与天然矿物进行媒染的一种纺织品染整工艺，由于选用纱类丝织品制成的面料具有乌黑油亮的特征，故而深圳民间俗称"十丈乌"、"黑胶绸"、"香云纱"，被誉为纺织品中的"软黄金"。

香云纱染整技艺是以纺织胚布为原料，利用南方盛产的植物薯莨茎块的汁液反复多次浸染曝晒，然后用含有丰富铁成分的河涌塘泥单面均匀涂抹于织物表面，让河涌塘泥中铁成分与织物染料"薯莨"富含的酚类化合物及鞣质发生媒染并在空气中发生变化，变成面乌里红的香云纱面料。

在全球化学染整的主导市场中，沿用香云纱染整技艺制作的丝绸面料是"低碳、人文、高贵"的最高象征，更是解决中国丝绸扩大内需和加大丝绸品牌出口创汇的最佳解决方案之一，拥有巨大的市场前景和商业价值。

香云纱生产是典型的手工技艺。其基本工艺是将白坯纱在薯莨汁里浸泡、晾晒后，再涂抹河涌塘泥进行媒染反应，并经堆码陈化最终成为香云纱面料。其技艺流程如下：

第一阶段：晒莨

1.绸缎（白坯绸）准备。和一般真丝绸染色准备一样，首先，绸缎进厂后要开剪成20米左右一段，因莨纱匹长通常要求18.5米，以便晒莨工人一人操作，又便于成品剪裁。每段绸匹两头缝制棉织品的穿棒套，便于操作时穿入竹竿，拉动绸匹；绸身两边要缝钉攀线，便于绸匹平摊在草地上晒莨时，钉攀线可套入已按幅宽要求钉入草地的竹钉上，务使绸匹面平、挺、匀、伏地直铺于草皮上。

2.浸莨水。把已准备好的绸缎共40-50段放入浸莨水槽中，用最浓的薯莨水（称"头过水"）浸过绸面，并不断用手翻动，使绸匹浸透、吸匀薯莨水，需时半天。把磨碎的薯莨放于竹箩内浸于第一个槽中得到的汁液称"头过水"（薯莨于水的比例见后叙），浸过"头过水"的竹箩内的薯莨碎浸入第二个槽中得到的汁液称"两过水"，依次为"三过水"、"四过水"（又称"渣水"），浸出的各种薯莨水经过滤后放入大木桶内备用。

3.晒莨。取出浸槽中的绸匹，自然脱水后，置于草地上，正面向上平摊，并将钉攀线套入草地上的竹钉，使绸匹平挺，不致卷边，曝晒至干。

4.洒莨水多次。绸匹晒干后，用"两过水"盛入洒桶，洒到绸匹上，并及时用葵叶扫把将绸面上的汁液涂扫均匀晒干，如是重复多次。

5.封莨水多次。经过6次洒莨的绸匹已渐成淡棕色。为使薯莨汁液渗透到织物的每一个交织点，把绸匹收起来后，放到特制的封水槽中，用"三过水"的薯莨水浸透绸匹1小时，再放到晒地曝晒，如是重复6次，叫"封水"。

6.煮绸。为使绸匹吸收薯莨水均匀，防止交织点（织眼）堵塞，将已封过水的绸匹置于大铜锅中（不可用铁锅，因薯莨中所含单宁会与铁锅中的铁质发生化学变化），用"三过水"在水温约摄氏45度–50度时煮绸4–5分钟，并不断用手工翻动，务使煮得匀透，绸匹松身，再自然脱水、晒干。

7. 封莨水 12 次，用"四过水"，操作同 5 。

8. 煮绸，用"四过水"，操作同 6 。

9. 封莨水 1 次，用"四过水"，操作同 5 。后将绸定卷成筒装。此时绸定已成半成品。

10. 矿物河泥媒染反应（俗称"过乌"）。此工序是晒莨的关键，须在日出前进行。首先将河泥均匀搅拌成糊状，将绸定正面向上平摊于洁净的水泥地面上，平涂河泥于绸面，再用刮板刮匀河泥，使河泥成一薄层于绸定表面，并以肉眼看不到露底为好。涂匀后将绸定按中轴线轻轻对褶，再由操作人员处理均匀而平稳地将绸定抬到草地上平摊半小时，保证河泥和薯莨充分接触，引起变乌的化学反应。

11. 水洗。"过乌"后的绸定，抬到晒地附近的河涌码头水洗，洗涤时应将绸定从幅宽方向上下提动，务使绸面清洁滑爽而不留泥污，此时天已放亮，再将绸定放在草地上以清晨微弱的阳光晒干。至此，绸面已达到乌黑油润的外观。

12. 封莨。最后一次封莨水 1 小时，目的是使绸面更有光泽，吸色更匀。封莨水后再平摊于草地上晒干。

13. 摊雾。在连续 20-30 个小时曝晒后的莨纱，虽然已充分吸收了薯莨汁液，但绸定手感较硬。因此，要将绸定在傍晚 6 时后，再平摊在草地上。此时，日已西沉，草根吸收了地里的水份滋润到草身，绸定由此也吸收了草身的水份而软化。这一过程约 40 分钟，叫做"摊雾"。晒莨过程到此已全部完成。整个过程大约需时五天左右。

香云纱染整技艺的晒莨过程，最重要的是真丝织物、薯莨、河泥三者之间的互为反应，使织物表面形成了一层极薄黑胶。在生产过程中完全靠技师的经验来把握，并视绸面色泽的深浅而调正，不能以"量"值来决定莨、水的比例；又如对晒、封莨水的次数亦不能作绝对定论，也要在操作中及时根据经验、因天而异、因地而异、因场而异、因人而异，由此决定了香云纱面料没有一块色泽完全相同，这也是香云纱神秘和魅力所在。

第二阶段：陈化发酵

库房要求避光、室温保持在摄氏 15-30 度。因丝绸乃动植物蛋白合成品，加上鞣酸及其它化学成分，以及室温作用，绸定在堆码、发酵过程中会释放出刺鼻的酸味。香云纱面料需在库房发酵 6 个月以上方可用来制作服饰，一般来说，发酵时间越长，面料越显得柔软，手感越舒适。

第三阶段：水磨砂洗

砂洗软化，根据布料成品所需的柔软度和手感进行砂洗，经砂洗的面料会变得柔软而手感舒适。后期的砂洗过程，是使香云纱工艺更加完善，加速面料柔软度和舒适度以符合消费市场需求，布料可以在短时间内充分展现形式各异的风格，制成的服饰舒适合体。

✺ 传承谱系

代序	姓名	性别	出生年份	传承方式
第一代	欧阳观喜	男	1895	社会传承
第二代	欧阳容根	男	1929	家族传承
第三代	欧阳小战	男	1970	家族传承

✺ 主要特征

一、地域文化特征

深圳属亚热带地区，夏季时间长，温度高，香云纱是以绞纱组织的坯绸，结构软滑坚韧，轻体透凉，不需肥皂洗涤，晾起来瞬息即干，是深圳及岭南人历来喜爱的服装面料；香云纱花纹奇特，质地精美，穿起来显得身份高贵，具有明显的地域文化特征。

二、民间手工艺特征

香云纱技术出现至今，一直由民间手工生产，虽然历史悠久，过去却没有详细的生产技术记载，像浸莨水、封莨水、煮绸、摊雾、发酵、砂洗等工艺环节，全凭师徒传授和实践经验积累，手传口授的民间手工艺特征明显。

三、工艺的独特性和唯一性

香云纱不仅难以工业化大批量生产，而且其染整技艺为广东省所独有。曾有人将珠三角的河泥运往辽宁丹东，再依照香云纱全套工艺组织生产，却未能成功，可见香云纱着色、发酵机理相当神秘并且具有不可复制性和唯一性。

四、健康和环保理念

香云纱的原料白坯绸为纯天然的真丝织物，而染制原料薯莨、河泥均不含化学染料成分。据《本草纲目》等医学古籍记载，薯莨具有防腐、杀菌、抗炎作用。香云纱工艺与当下人们所崇尚的原生态、纯天然的健康、环保理念完全吻合。

✺ 重要价值

一、历史价值

岭南地区丝织业和染织业历史悠久，香云纱工艺从雏形到成熟也有数百年历史，它对于研究我国南方传统丝织业和染织业的发展进程，具有很好的参考价值。

二、文化价值

香云纱面料、香云纱服饰是我国传统服饰文化的重要代表。其染制过程中所遵循的原生态、纯天然特性，以及对薯莨汁特有的防腐、杀菌功能的重视，体现出古人的健康、养生理念。

三、实用价值

用香云纱面料加工而成的服饰及生活用品，手感爽滑、清凉、舒适，显得高贵而雅致，特别适合气候炎热的南方地区人们穿着、使用。

四、经济价值

香云纱产品极具地方特色，国人及海外华人十分钟爱，甚至日本、韩国、欧美等国民众也对这种纯天然、健康特性的服饰面料十分着迷。随着人们对生活品质要求的不断提高，以及服饰面料绿色、环保概念在世界范围内的日趋重视，以香云纱为代表的天然织物将在未来全球服饰面料市场中面临极大的发展机遇。

❈ 濒危状况

1. 第二次世界大战以后，工业化国家纷纷将人造纤维作为丝绸替代品，新纺织面料令人眼花缭乱，不断挤压香云纱的生存、发展空间。据统计，目前，全世界各类纺织纤维的年总产量已达四千多万吨，而蚕丝的年总产量只有将近 9 万吨（其中中国蚕丝年产量约 7.6 万吨），仅为纺织纤维总产量的 0.2% 左右。

2. 香云纱生产全部为手工操作，成本较高（特别是土地租金不断上涨，而香云纱的晒场需占用数十至上百亩土地），耗时较长，难以大规模扩大产能。其面料风格受流行因素影响较低，比之于便宜而时尚的其他纤维制品，香云纱的消费人群有一定的局限性，这种结果往往令生产者丧失信心，导致产量在近年不断下降。

3. 深圳市农村已实现城市化，适合香云纱生产的土地已越来越紧张，各级干部大多宁愿利用土地从事经济效益明显的开发（如建商品房、厂房等），也不愿意用来生产香云纱；而且，近年来水污染加剧，将可能改变河涌泥性状，莨绸合格的天然染料河涌泥将难以获得。深圳龙岗葵涌村内原有的香云纱作坊在城市化进程中已不复存在，欧阳家族只得将香云纱染整基地部分迁往外地。

4. 香云纱工艺复杂，生产过程中劳动强度很大，然而因其属于利润较低的传统手工行业，从业者报酬不高，加上珠三角就业途径较多，由此导致熟练的操作技工不断流失，后继乏人，较具规模的香云纱作坊已殊为罕见，其工艺面临失传的危险。

❋ 保护内容

1. 保护香云纱染整技艺。

2. 保护工艺传人。

3. 保护挖取河涌泥的河道水质。

4. 保证晒场使用土地。

5. 在深圳设立香云纱博物馆。

❋ 已采取的保护措施

1. 成立保护办公室，保护传统技艺。

2. 用文字、图片、视频等方式全面地将香云纱的原材料、生产工具、晒场、工艺流程完全记录保存下来。

3. 扩大香云纱面料生产研发队伍，拓展生存、发展空间。

4. 已在深圳市梧桐山艺术小镇设立香云纱博物馆，这是至今岭南地区乃至全国唯一的香云纱博物馆。

5. 2008 年，香云纱染整技艺被列入深圳市第二批市级非物质文化遗产名录。

红釉彩瓷（满堂红）烧制技艺

保护单位：深圳国瓷永丰源股份有限公司

❊ 所在区域及其地理环境

　　"满堂红"、"帝王黄"高温大红颜色釉陶瓷现在的产地位于深圳市龙华新区观澜。观澜地处深圳市北大门、宝安区东北面，总面积 89.8 平方公里。永丰源工厂位于樟坑径社区内，是集体育、旅游、循环经济为一体的重要地区。

❊ 分布区域

　　红釉彩瓷"满堂红"烧制技艺主要分布在广东省潮州饶平、深圳观澜及河北省唐山市。

❊ 历史渊源

　　潮州自古以来就是粤东地区的政治经济文化中心。潮州的木雕、陶瓷和潮绣被称为"潮州三绝"。由于海上交通便利，潮州早在清朝中期就已开始生产"洋彩"。陶瓷工艺技术人员在陶瓷的彩绘上推陈出新，采取一些民间画法，吸收中国画工画风，形成了格调清新、线条流畅、层次分明、填彩堆金、素淡金璧的"潮彩"风格。"红釉瓷"创于元代而成熟于明代，永乐时，红釉便有"鲜红最贵"之誉，宣德红釉更具盛名，被列为皇室用品，正德后红釉技艺曾一度失传。在中国陶瓷历史上，"红釉瓷"曾发出耀眼的光芒，但由于红色釉料不耐高温，所以导致烧制艰难。真正纯正、稳定的红釉瓷是明初的鲜红，到嘉靖时，又创制出以铁为着色颜料的铁红。鲜红为低温红，铁红为高温，但铁红不呈色不鲜艳，为暗红。因高温"红釉瓷"的烧成难度大，烧成成功率低，在技术工艺上难以突破，"红釉瓷"也一度低迷，很少有人去作深层次研究，它的宝贵技艺曾面临失传。庆幸的是，历经潮州九村刘氏家族几代人的探索和研

传统的围浆形式

传统技艺

传统的成型工艺

究，他们不仅继承了颜色釉的传统制作技艺，而且进一步拓展了颜色釉的使用领域。从白瓷到骨瓷，创作出灿烂夺目的"满堂红"和"帝王黄"骨瓷产品。现将刘氏家族创造发展颜色釉的过程分述如下：

第一代刘陕，男，传承祖传"正玉"瓷。刘陕出生于清乾隆年间的九村，（九村镇位于潮州市饶平县北部山区，2004 年 4 月于一合并后称新丰镇。）新丰镇是著名"九村窑"所在地，已有 700 多年陶瓷生产历史，素有饶平陶瓷的发祥地和原发地之称，以其"历史久、瓷窑多、规模大、产品全、产量高"而闻名。

第二代刘亮，男，传承祖传"正玉"瓷。青花瓷是一种最通俗但美观的瓷器品类，日常使用范围广泛，承传不衰。从小生长在陶瓷作坊的刘亮对正玉瓷的发展起到了很大的推动作用，在父亲的影响下，刘亮重点改进了正玉瓷的装饰技艺，从单一的"青花"瓷发展到"洋彩"。

第三代刘一来，男，传承祖传"正玉"瓷。刘一来在继承父亲刘亮的颜色制作工艺的同时，重点将颜料的制作与釉料的制作分开，采用二次釉烧的工艺，基本解决了颜料的发色与颜色的不一致问题。

第四代刘石丰，男，传承祖传"正玉"瓷。在抗战期间刘氏家族的陶瓷生产基本上处于停滞状态，直到 1945 年抗战胜利后，国内外对陶瓷的需求量激增，刘石丰的陶瓷业才得以复苏，1946 年产销量恢复至抗战前水平。

第五代刘权辉，男，传承祖传"正玉"瓷，骨瓷"满堂红"、"帝王黄"。改革开放后，刘权辉开始经营刘氏家族的陶瓷事业，在 20 世纪 80 年代，地方各种品牌的陶瓷企业如雨后春笋涌现出来，其中规模较大的国有、集体和乡镇企业有 3 家，初具规模的村办、联户和个体创办的企业有十几家，厂区主要分布在九村的洞泉。随着中国经济体制的变革和现代化的生产方式的导入，陶瓷的生产受到严重的挑战。当地制作工艺技术的落后，设备的陈旧，不少陶瓷生产作坊被淘汰或停业，有不少的生产厂家已处于举步维艰、难以为继的困境。此时刘权辉决定对祖传的陶瓷技艺进行大刀阔斧的改革，以便在竞争中取胜。

2002 年，刘权辉在全国各地考察后，认为深圳观澜的环境比较适合"满堂红"、"帝王黄"高温色釉陶瓷产品的生产条件，于是在观澜买地建厂。2004 年 11 月投产，在深圳建立独立陶瓷王国。

※ 基本内容

传统陶瓷行业公认的陶瓷颜色釉的生产工艺方法是：将陶瓷着色色剂按一定的比例加入到基础釉中，并一起混合6-8小时制成颜色釉，然后采取浸釉或喷釉的方法，将颜色釉固定在陶瓷坯体上，形成0.15-0.25毫米的颜色釉釉层，最后将上有颜色釉的产品按照规定的烧成温度和烧成制度烧制，从而得到一种带颜色的陶瓷制品。但是，按照此种方法生产出来的产品存在许多不足之处：颜色呈色的鲜艳程度对基础釉的依赖性较大，基础釉的化学成分对色剂的呈色有相当大的影响，所以要求不同的着色剂要有不同的基础釉与之相匹配，才会达到最佳的发色效果，这样，要保证每一种颜色都达到最佳发色效果，技术难度较大，且工艺较繁杂；在陶瓷产品棱角处易产生色差，尤其是异型和特大型产品色差特别明显，因为陶瓷釉料在高温时处于一种玻璃流变状态，在重力作用下它会沿着产品表面向下移动；而着色色剂混合在釉中，它会跟随釉层一起移动，最后造成釉层厚的地方颜色深，釉层薄的地方颜色浅而形成色差，这样的产品回烧的次数越多，色差越是明显；含铅、镉等重金属高的色剂易离析出来，对人体造成伤害。当陶瓷颜色釉产品存在较大色差时，很多工厂或技术人员就采取在产品棱角处打色线或打金边的方式来弥补。

"满堂红"所表现的大红色代表着中华民族的"红色情缘"，它是活力和生命的象征，虽然"满堂红"陶瓷高温颜色釉的生产制作工艺的工序流程与常见陶瓷生产的工序流程大致相同，但因它的工艺特殊性、原料制作工艺复杂性、烧成条件苛刻性，它与传统的大红颜色釉产品存在较大的差异性。最大的工艺特点是：采取将陶瓷着色色剂和釉分开，按先后次序将色剂和釉固定在陶瓷坯体上，经多次烧制而成。即先将陶瓷着色色剂按照要求配制好，采取浸或喷的方式将陶瓷着色色剂固定在陶瓷坯体上，在陶瓷坯体上形成颜色层，然后按照规定参数烧制，将颜色固定在陶瓷坯体的表面，再采取浸或喷的方式将釉固定在烧结的色剂层表面，最后再按照所规定参数烧制，将釉固定在色剂层上，这样就烧制成一种呈色稳定、色彩亮丽的陶瓷颜色釉产品。"满堂红"的红色形成机理复杂，因一般的低温红

永丰源典贵春珑茶具

色颜料在800℃左右就开始分解，很难形成稳定的色相，颜色不均匀，色调不好。"满堂红"是高温红色釉，要在1300℃的条件下烧成。要保证"满堂红"所用的高温颜料，能够耐高温，就必须采取特殊的制作工艺，因此，加工制作的成本高。陶瓷通常是以烧成的温度来划分好坏，低温陶瓷粗糙、笨重，高温陶瓷细腻、轻盈。

"满堂红"陶瓷高温颜色釉与传统大红颜色釉的差异性：

1. 瓷质方面

"满堂红"陶瓷高温颜色釉所用的坯体是世界公认的骨质瓷原料，该原料经过烧

红釉彩瓷（满堂红）烧制技艺

成后，瓷胎洁白、透明，瓷质细腻，而传统的大红颜色釉使用是硬质瓷、炻瓷原料，该原料经过烧成后，瓷胎颜色发暗、不透明，瓷质粗糙。

2. 基础釉方面

"满堂红"陶瓷高温颜色釉使用的基础釉是无铅无镉熔块釉，该釉经过烧成后透明，高温流动性好，无针孔，釉面光亮度好，而传统陶瓷使用的生料釉，经过烧成后，高温流动性不好，针孔多，釉面光亮度差。

3. 着色颜料方面

"满堂红"陶瓷高温颜色釉使用的着色颜料是经过特殊处理的包裹色颜料，包裹色可以经受高温烧成，呈色稳定，而传统陶瓷使用的着色颜料是普通的陶瓷色料，它们经过烧成后不稳定，易与基础釉发生剧烈反应，造成呈色差、色差大等缺陷。

4. 工艺方面

"满堂红"陶瓷高温颜色釉工艺是色釉分离，多次烧成，烧成温度达 1300℃以上，而传统的陶瓷工艺是色釉一体，一次烧成，烧成温度也有不同，温度分布在850℃ -1200℃之间。

✿ 传承谱系

代序	姓名	性别	出生年份	传承方式
第一代	刘 陕	男	不详	祖传
第二代	刘 亮	男	不详	祖传
第三代	刘一来	男	1919	祖传
第四代	刘石丰	男	1939	祖传
第五代	刘权辉	男	1966	祖传

✿ 主要特征

一、工艺特征

本工艺，从根本上解决目前陶瓷颜色釉产品所存在的缺陷。该工艺将陶瓷着色色剂和基础釉分开，按先后次序将色剂和基础釉固定在陶瓷坯体上，并经多次烧制而成。即先将陶瓷着色色剂按照要求配制好，采取浸或喷的方式将陶瓷色剂固定在陶瓷坯体上，形成一层 0.2-0.3 毫米厚的颜色，然后按照所规定的烧成温度和烧成制度烧制，将颜色牢固地烧结在陶瓷坯体的表面，再在陶瓷坯体上采取浸或喷的方式将基础釉固定在烧结的颜色表面，基础釉层厚度控制在 0.2-0.3 毫米，最后再按照所规定的烧成温度，将基础釉牢固地固定在色剂上，这样就烧制成一种呈色稳定、色彩亮丽的陶瓷颜色釉产品。

二、产品特征

完全解决了陶瓷颜色釉存在的色差问题。此种陶瓷颜色釉生产工艺法有效地将陶瓷着色色剂封闭在基础釉层下，解决了很多含铅、镉等重金属元素高的陶瓷着色色剂不能用于陶瓷颜色釉生产的问题。

颜色釉产品呈色稳定、色相好；色泽鲜艳、亮丽；釉料光润、细腻；颜色均匀不存在色差；经过多次烧成也不会出现色差，不仅美观大方，色彩艳丽，而且是真正意义上的绿色健康陶瓷。

三、原料特征

"满堂红"、"帝王黄"颜色陶瓷所需的原辅料，必须纯净、无杂质污染、煅烧白度高。高岭土为水选一级精矿、外观白色土状，瓷窑煅烧（1380℃）白度大于86度，可塑性能好；钾长石原矿应为致密块状，无明显云母，无铁质及其它粘土杂质污染，外观呈肉红色或灰白色，钾含量高；原矿经瓷窑高温还原煅烧后，要求为透明呈乳白色玻璃体，无明显斑点和气泡；石英外观呈无色透明块状，无杂质污染，经瓷窑高温煅烧后，要求为纯白色，无明显斑点、黑色和黄褐色颗粒。

❀ 重要价值

一、历史价值

"红釉瓷"创于元代而成熟于明代，永乐时红釉更有鲜红为宝之称；宣德红釉更为盛名，被列为皇室用品；正德后红釉技艺曾一度失传。庆幸的是，历经刘氏家族多年的探索和研究，"满堂红"以一种崭新的方式复原高温"红釉瓷"的生命。"满堂红"陶瓷生产的每道工序工艺经过精雕细琢，对所用颜料严格精选，有"十窑难得一精品"之说，因此，"满堂红"产品现在成为达官贵人、文人雅士的观赏佳品和镇宅之物。

二、文化价值

红色一直属于中华民族崇高的文化传统，"满堂红"瓷器上的红釉最具华夏民族的文化特色。在中国陶瓷史上有这样的诗句"白种伟瓷不胜挑，红釉陶瓷比琼瑶"描述红釉陶瓷的珍贵。它见证了中华民族几千年的发展和变迁，它是"水、土、火"完美的结合而永载于人类文明的史册。"满堂红"陶瓷产品特有的魅力让我们穿越时空去感受那曾经的岁月，无疑催生了人们对于民族文化的认知和喜爱。

三、经济价值

长期以来，陶瓷一直是九村的经济支柱，在当地的经济发展中发挥了十分重要的作用。首先，解决了相当数量的人员就业问题；其次，"满堂红"陶瓷原料取自九村，促进九村人民的增效和增收；其三，中国一直是陶瓷的生产大国，也是一个陶瓷出口大国，"满堂红"产品除满足内销市场外，还大量出口创汇，因此"满堂红"产品有着广阔的市场前景。

❈ 濒危状况

1. 骨瓷产品属于高温产品，而高温红釉工艺烧成难度大，成功率低，目前市场上的釉下彩产品只有永丰源公司的技术成熟，可以做到品质如一。

2. 劣质产品充斥市场。很多人用釉中彩和釉上彩技术做出产品，品质一般，冒充高档瓷器，一般消费者不具备专业识别能力，容易被误导。

3. 陶瓷生产对原料很有讲究，而现在由于不注重保护环境以及过度开采等情况，造成国内高岭土品质无法保障。一般公司采用的高岭土都是国内采购，品质无法保证始终如一，导致烧成产品差异化，而永丰源经过全球筛选分析，发现新西兰高岭土成分稳定，能够满足历史上对"满堂红"、"帝王黄"产品的工艺配方要求，因此，公司固定从新西兰进口优质高岭土。同时，公司骨瓷产品中所用的骨粉，采购世界上最好的英国骨粉，导致产品成本较高，产品难以大规模普及，比起国内其他便宜的代工瓷器，推广普及有一定的局限性。

4. 目前国内对知识产权保护还不够完善，因此市场上有很多仿冒产品，导致真正的高档"满堂红"、"帝王黄"产品受到冲击。

❈ 保护内容

1. 加强对传承人的培养，培训新一代的生产和管理人才，传承及发扬光大制陶技艺。

2. 完善项目档案资料，展示制陶工艺，保护陶瓷文化。

3. 保护广东潮州饶平的生产加工厂现有规模以及加工工艺。

❋ 已采取的保护措施

1. 已成立瓷文化创意园。园内有博物馆，收藏不同时代的瓷器、制作工具；陶瓷技术展示中心，展示不同年代的陶瓷制作技术；美瓷宫，展示拍卖精美作品。

2. 由于陶瓷生产用水要求比较高，不能掺杂化学杂质，公司专门成立研发小组，试验循环用水，目前基本通过试验，生产循环用水处理站在建设中。一方面节约用水，保护环境，一方面又可以保证生产用水质量。

3. 公司有专门研发小组以及工艺小组，保护传承古老的工艺技术并开创新的制瓷工艺技术。

4. 用文字和影像等形式全面将制造工艺、流程、配方等信息记录保存。

5. 2009 年，红釉彩瓷"满堂红"烧制技艺被列入广东省第三批省级非物质文化遗产名录。

传统医药

骆氏腹诊推拿术
贾氏点穴疗法

骆氏腹诊推拿术

保护单位：深圳市上工辕非物质文化遗产保护中心

❋ 所在区域及其地理环境

深圳市地处广东省南部，东临大亚湾和大鹏湾，西濒珠江口和伶仃洋，南边深圳河与香港相联，北部与东莞、惠州两城市接壤。属亚热带海洋性气候，气候温和，雨量充沛，日照时间长。

❋ 分布区域

骆氏腹诊推拿术主要分布在广东省深圳市福田区、南山区、罗湖区。

❋ 历史渊源

骆氏腹诊推拿术的发源地在河北省武邑县。创立者是河北武邑人骆化南（字奉举，1846-1929年）。骆化南将腹诊推拿技术传于其子骆俊昌（字明武，1881-1965年）；骆俊昌将腹诊推拿技术主要传于其子骆竞洪（1927-）；骆竞洪再将腹诊推拿技术传于其子骆仲遥、骆仲达、骆仲逮。现骆氏腹诊推拿已成为中国主要推拿学术流派之一，中医世家的四代人历经100多年传承进行腹诊推拿的临床、教学、科研等工作，在国内外推拿按摩学术界具有较大的影响。

第一代传承人骆化南

第二代传承人骆俊昌

骆氏腹诊推拿术的创立时期（1866-1929年）：河北武邑人骆化南早年习武，曾考取清朝的武举人，懂治疗跌打损伤之术，并博采众家手法之长，继承几近失传的古代腹诊法以诊断疾病，并结合多种自创手法，通过长期实践，创立了独特的骆氏腹诊推拿术，自成一派。

第三代传承人骆竞洪和第四代传承人

骆氏腹诊推拿术的成熟时期（1929-1960年）：第二代传人骆俊昌17岁随父骆化南习摄生之道及腹诊推拿治病之法，后又与夫人吴淑云同时受教于当地名医李常，并遍访东北、京津推拿名流，使腹诊推拿技艺日益成熟。

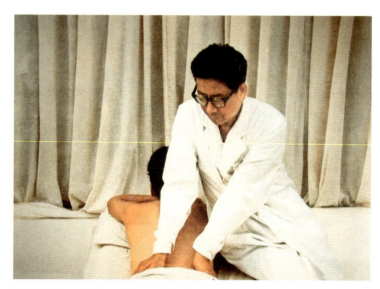

骆竞洪在20世纪80年代进行教学

20世纪40年代抗日战争时期，骆俊昌携全家到重庆行医，开设了"骆氏推拿诊所"，接诊治愈了大量的内科、骨伤科、妇科、儿科患者，享誉重庆乃至西南地区。

骆氏腹诊推拿的发展时期（1960-1980年）：20世纪60年代，骆俊昌夫妇受聘于中国人民解放军第七军医大学任教和担任临床医疗工作，其3个儿子（骆竞波、骆竞洪、骆竞湖）也均被中国人民解放军第七军医大学西南医院聘为医务工作人员，并专门在重庆市中区王爷石堡的一个大院设立了西南医院推拿门诊部，由骆俊昌担任该推拿门诊部主任。同时，骆俊昌、骆竞洪还担任中华医学会重庆分会中西医学术交流会委员等学术职务。

由于骆氏腹诊推拿在解放后得到了党和国家、军队的极大重视，骆氏第二、三代传人全部均被特聘到军医大学工作，待遇十分优厚，因此骆俊昌与其3个儿子商定，打破骆氏腹诊推拿不外传的家训，将祖传的腹诊推拿技术在部队医院进行传授，以便为保家卫国的三军将士的健康保驾护航。

骆氏腹诊推拿的创新时期：1989年，骆竞洪主任医师在深圳举办全国推拿医师提高班后，携全家落户深圳，并开办了"骆氏中医推拿专科诊所"。其第四代传人中，骆仲遥现担任中国骆氏腹诊推拿研究院院长、亚洲传统医药学院客座教授；骆仲达现担任深圳市保健办主任医师；骆仲逵现任深圳市罗湖区人民医院副主任医师。

目前，第三代传人中的骆竞波、骆竞湖已去世，仅骆竞洪在世，但也已年近九旬，赋闲在深圳家中，但还是有一些中央、省市领导和国际友人等慕名到其家中咨询。

从清朝末期至今，骆氏腹诊推拿流派成为中国主要推拿流派之一，其在实践和理论方面的建树，得到了海内外的极高赞誉。20世纪末期，为了满足海内外众多病患的求医需求，骆竞洪和骆仲遥专门成立了传承和传播骆氏腹诊推拿术及其配套用品的深圳市三产高科技发展有限公司，开发了辅助腹诊推拿的"药风薰透按摩机"（该机获得国家专利局颁发的专利证书，与祖传的"外用五全散"配合应用后还获得深圳市政府颁发的科技进步奖）。同时，为了更好地保护和开发腹诊推拿技术和腹诊推拿术配套使用的"内外十全散"配方与制作等独创技艺，深圳市三产高科技公司还设立了世界在线联盟中国骆氏腹诊推拿研究院。深圳市三产高科技公司将作为骆氏腹诊推拿术的全面保护实体单位而发挥更好的传承和传播作用。

❀ 基本内容

自骆化南创立骆氏腹诊推拿医术以来，历经骆俊昌、骆竞洪及骆仲遥为代表的二、三、四代传人的不懈努力，已经成为中国推拿医学的主要流派，并在理论和实践方面建立了一个完整的体系。

骆氏腹诊推拿术，是运用中医腹诊理论判断病之阴阳、表里、寒热、虚实，根据不同的证型以辩病论治来指导推拿手法的一种程序推拿方法。它不是单纯的推拿手法，而是把独特的腹部诊断与推拿治疗方法密切地结合起来，根据腹诊辨证，选用不同的手法、治法用以防治疾病。

骆氏腹诊推拿术以阴阳五行、脏象经络理论为指导，强调整体治疗，扶正祛邪，灵活应用。在治疗原则上是先治本，后治标，以治本为主，兼顾治标。腹诊方法主要是望诊和触诊，通过观察患者腹部形态的变异与触知其腹壁的紧张度及是否有块状、索状、网状等不同情况，以提供必要的诊断依据，再按八纲辨证方法判断其表、里、寒、热、虚、实及其与全身的关系，从而确定推拿的治则。如拒按者为实，喜按者为虚；皮肤燥者为热，润者为寒；轻按而痛者病在表，重按而痛者病在里。如按部位来分，脐上部分一般多与肠胃方面疾患有关，主证常为食入不化、腹胀饱满、嗳气吐酸，甚则呃逆呕吐、少食倦怠，或为咳喘、胸胁苦满之候；脐下部分一般多与肝肾方面疾病有关，主证常为月经不调、痛经、赤白带下、崩漏，男子则为阳萎、早泄等，偶亦可出现气喘、头昏及心肾不交之候；腹际两侧多与肾病有关，主证常为腰背痠痛、腹胀，亦可出现部分妇科疾病之症状；小腹侧近股处多与下肢方面疾病有关，主证常为下肢痿软或疼痛。此外尚需注意腹部的正常变异，如年龄、职业、性别、体质等不同而各有差别。腹诊法虽有一定的局限性，但如能与其他诊断方法相结合，则对诊断正确性的提高无疑是有帮助的。经过腹部推拿治疗后，使变异的腹部形态改变，患者的症状也随之改善。

骆氏腹诊推拿术在诊断上突出腹诊辨证，通过腹部的望、闻、问、切诊，细察腹部的形态变异，触知腹壁的紧张度与硬块、条索物等异常，借以判断疾病的表里、虚实、寒热及其与全身的关系，并据此而选用不同的推拿手法与治法。腹诊推拿的治法，有补、温、和、通、消、汗、吐、下"治疗八法"。其主要手法，有推、拿、按、摩、捏、揉、搓、摇、引（牵引）、重（包括肘压、膝压、踩法）等10类62法，并有全身各部计300余种治法。操作部位以腹部和躯干部为主，兼及全身各部。治疗领域包括内、外、妇、儿、五官等多科病症，并在预防、康复、保健领域也有广泛的使用。

骆氏腹诊推拿术的发展历程，在一定程度上反映着中医学的发展脉络和学术渊源，因此，对此独特的整套"手法技术"和配套使用的"内外十全散"等内服、外用药物秘方应当作为祖国传统医药的宝贵遗产加以保护和继承。同时，对该流派及其整套技术的传承面临着的一些危机和困境，应引起国家和有关政府部门的高度重视。

传统医药

※ 传承谱系

代序	姓名	性别	出生年份	传承方式
第一代	骆化南	男	1846	师授徒
第二代	骆俊昌	男	1881	家传
第三代	骆竞波	男	1921	家传
第三代	骆竞洪	男	1927	家传
第三代	骆竞湖	男	1932	家传
第四代	骆仲遥	男	1953	家传
第四代	骆仲达	男	1954	家传
第四代	骆仲速	男	1957	家传

※ 主要特征

骆氏腹诊推拿术是运用腹诊法判断疾病之表里、寒热、虚实，以指导推拿临床的一种推拿方法。腹诊法是中医传统的诊察疾病的方法之一，与推拿治疗密切地结合起来，根据腹诊辨证，选用不同的手法和治法防治疾病。

一、方法特征

骆氏腹诊推拿术以阴阳五行、脏象经络理论为指导，强调整体治疗，扶正祛邪，灵活应用。在治疗原则上是先治本，后治标，以治本为主，兼顾治标。腹诊方法主要是望诊和触诊，通过观察患者腹部形态的变异与触知其腹壁的紧张度及是否有块状、索状、网状等不同情况，以提供必要的诊断依据；再按八纲辨证方法判断其表、里、寒、热、虚、实及其与全身的关系，从而确定推拿的治则。此外，腹诊尚需注意腹部的正常变异，如年龄、职业、性别、体质等不同而各有差别。腹诊法虽有一定的局限性，但如能与其他诊断方法相结合，则对诊断正确性的提高无疑是有帮助的。经过腹部推拿治疗后，使变异的腹部形态改变，患者的症状也随之改善。

二、治疗特征

腹诊推拿的治则，有补、温、和、通、消、汗、吐、下"治疗八法"。其主要手法，有推、拿、按、摩、捏、揉、搓、摇、引（牵引）、重（包括肘压、膝压、踩法）等10类62法。操作部位以腹部和躯干部分为主，兼及全身各部。治疗领域包括内、外、妇、儿、五官等多科病症。

❈ 重要价值

一、医学价值

推拿是人类最古老的一门医术，属于古代物理疗法、自然疗法的一种。中国推拿有着悠久的历史，是推拿医学的发源地。中国骆氏腹诊推拿技术，有别于西医诊断治疗学的思维方式、理论内容、防治原理、治疗方法，可补西医学之不足，因此应发挥其特有的优势，推动医学发展和变革，为人类健康做出特有的贡献。

二、文化价值

骆氏腹诊推拿不但是一整套独特的诊断治疗技术，而且也是具有重要文化价值的"活的标本"。它通过四代人的传承，已经铸造出了一种传统医学中的家教文化。

三、社会经济价值

腹诊推拿具有简、便、验、无毒副作用等特点，符合国际自然疗法趋势，比用费用昂贵的仪器诊断和生化学药物等治疗方法更具有社会经济价值。特别在许多吃药、打针疗效不佳的各科病症以及缺医少药的农村和老、少、边、穷地区，更能发挥巨大的社会效益和经济效益。

❈ 濒危状况

1. 全面掌握腹诊推拿技术难度大，习艺周期长，特别需要长期、持续地用双手进行操作，因此最好从小学习锻炼手法。如第四代传人骆仲遥、骆仲达、骆仲遝均是从小就开始手法的锻炼，不到 20 岁即在重庆医科大学等医疗卫生单位独立担任腹诊推拿工作，30 多年双手均未患腱鞘炎等职业病症，而一些 30 多岁才开始学习推拿者，多年后即患有轻重不等的腱鞘炎等职业病症。

2. 腹诊推拿为体力（推拿手法治疗）加脑力（腹部诊断辨证）的医疗技术工作，每日工作 8 小时，特别辛劳；加之中医界一些人士视推拿为"医家小道"，且有"劳心者治人，劳力者治于人"的封建残余思想，自古以来潜移默化影响着年轻人及其父母，故一些注重学历和工种的年轻人多不愿学推拿而愿意学习其他医学科目，使得腹诊推拿的传承后继乏人。

3. 骆仲遥、骆仲达响应政府号召，均各生育一个子女（均为女儿），现从事财经类工作。骆仲遥的儿子学习西医口腔科，毕业后是否从事腹诊推拿尚未定论。因此，骆氏腹诊推拿第五代现已无家族传人。

4. 第二代传人骆俊昌的兄妹均无习医者，故无另外的传承分支。目前，第三代传人中唯一健在的骆竞洪主任医师已经 90 多岁，技术的全面传承濒临危机，急需采取相应措施，加以保护、抢救、发掘、整理其从医 60 多年的宝贵经验，以使中国独有的腹诊推拿手法操作技艺得以完整地保存。

❋ 保护内容

1. 骆氏腹诊推拿的腹部诊断方法。如通过腹部的望诊和切诊，在现有的腹部形态图研究基础上，系统地观察腹部的形态变异，并触知腹壁的紧张度与硬块、条索物等异常，借以判断疾病的表里、虚实、寒热及其与全身的关系，并据此而选用不同的推拿手法与治法。

2. 对骆氏腹诊推拿的所有复合手法（包括肘压、膝压、踩法等 10 类 62 种复合手法）的操作技艺进行规范化、量化研究。

3. 对骆氏腹诊推拿的 300 余种特色治法，由骆竞洪和骆仲遥进行实操和记录。

4. 对骆氏腹诊推拿在内科、骨伤科、妇科、男科、儿科、五官科、康复科、保健科、养生科、美容科等 100 多种常见病症、疑难病症的独特治疗、保健方法进行系统整理。

❋ 已采取的保护措施

1. 整理、出版了《实用中医推拿学》、《推拿入门》（内部出版）、《内妇儿病实用推拿疗法》、《骨伤实用推拿疗法》等介绍骆氏腹诊推拿疗法的书籍；编制了《实用推拿疗法挂图》（含图解资料）。

2. 传承了以补益五脏为主要作用的内服纯中药配方制剂"内服五全散"，并制作出丸、散、膏以及以此配方为基础的养生酒、养生茶、养生食品饮料等多种食用载体。

3. 传承了以 5 种外用的纯中药配方制剂"外用五全散"，并制作出散、膏、保健药带等剂型，已通过药理、毒理等动物试验、临床试验等，曾获得四川省卫生厅颁发的 5 个健字号批文。

4. 深圳市福田区文体局组织人员对骆氏腹诊推拿疗法进行摄影和摄像，保存了部分音像资料。

5. 骆仲遥教授对骆氏腹诊推拿术的理论与实践做了部分总结，目前正在逐步完善。

6. 2013 年，骆氏腹诊推拿术被列入广东省第五批省级非物质文化遗产名录。

传统医药

贾氏点穴疗法

保护单位：深圳市中医院

❋ 所在区域及其地理环境

贾氏点穴疗法目前的发展中心主要分布在我国的南大门——深圳经济特区。

深圳市位于北回归线以南，东经113°46′至114°37′，北纬22°27′至22°52′。地处广东省中南沿海，珠江口东岸，东临大亚湾和大鹏湾；西濒珠江口和伶仃洋；南边隔深圳湾、深圳河与香港相望；北与东莞、惠州两市接壤，有辽阔海域连接南海及太平洋。因为毗邻香港，深圳市域边界设有全国最多的出入境口岸。得天独厚的地理优势便于海内外患者前来求医。

深圳属亚热带海洋性气候区，以低山丘陵地形为主，平均海拔70至120米。全市共设6个行政区、4个功能区。2012年常住人口1054万人。

❋ 分布区域

贾氏点穴疗法主要分布区域包括山东和广东地区。山东崂山为贾氏点穴疗法的发源地，上世纪80年代成立崂山点穴医院，为贾氏点穴疗法的发展壮大奠定了基础。

贾立惠传人陈荣钟医师携艺于1980年在广东潮州开创点穴中心，分布区域遂自北南迁至广东地区。2003年，陈荣钟医师作为人才被引进到深圳市中医院，利用深圳毗邻香港、东南亚及珠三角地区城市的地理优势，吸引了众多海内外患者前来求医。同时，通过深圳市国际传统医疗培训中心开班授徒，传播点穴医术，学员、弟子多分布全国各地各医院推拿科和康复科或个体诊所。

❋ 历史渊源

中国武功，源远流长，武功点穴，更是闻名于世，而用于中医的点穴疗法，功效神奇，早已人尽皆知。

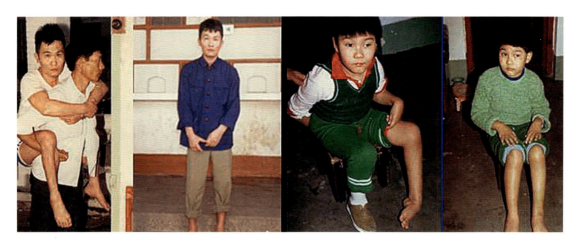

1987年中风偏瘫、小儿脑瘫治疗效果展示

    点穴疗法与针灸、按摩同出一脉。古代人们在与大自然各种不利因素进行的斗争中，逐渐发现在体表点、按、扣、打能使疼痛感减轻或消失。如我国现存最早的医学文献《黄帝内经》中可见到多处有关点穴的记载，在《素问·举痛论》中记有"寒气客于肠胃之间，膜原之下，血不得散，小络急引故痛，按之则血气散，故按之痛止"，指出了寒凝中焦脾胃，致使气血运行不畅，脉络拘急而发生疼痛，应用点、按手法，使气血运行畅通，通则不痛，所以可治愈痛证。又如晋代葛洪《肘后备急方》所言"令爪其病人人中，取醒"，即用手指切按人中穴，以及时苏厥救逆，挽救患者生命。随着医疗经验的积累，人们便把某些特殊的"按之快然"、"驱病迅捷"的部位称之为"穴"。于是通过对"穴"进行点、按等来进行疾病治疗的方法也就日益发展，这是点穴疗法的萌芽阶段。

    比较系统的史料记载，点穴疗法是从中国武术演变而来，始于武术点穴，创始人为张三丰。《明史·方伎传》："张三丰，辽东懿川人，名全一。"《道教大辞典》称："张三丰所创之拳法，名'内家拳'，其法有打法、穴法、练手等名目。"《少林拳术秘诀》云："盖以三丰，绰号张腊遢，为明技击术之泰斗。先居于宝鸡之金台观，后学道于鹿邑之太清宫，于少林师法练习最精……能融贯少林宗法，而著力于气功神化之学。晚年发明七十二穴点按术，为北派中之神功巨子。……惟此中，手法有两指点、一指点、斫点、拍点、掌段点、膝盖撞点、手拐点等法，各有其用，非经亲授，不易于着力……。"这种点穴的方法在明代盛行。在实践中，人们发现点穴不仅能致伤而且能疗伤，于是便有点穴疗伤的出现。到了清代，点穴疗法有了更为广泛的应用，如熊应雄的《小儿推拿广意》中说："指涌泉，治痰壅上……"、"十王穴：掐之则能退热。"《穴位数伤秘方》曰："点穴之妙，在于选中穴位，击中要害，灵在眼疾手快，视其准、点其速，力之雄，无不妙也。……" 所有这些对点穴疗法都是极大的丰富和发展。

清代山东即墨县李藏山是达摩长寿秘功的第十代传人，在继承祖传达摩长寿秘功的基础上创立气功点穴法，在山东崂山一带点穴治病久负盛名，著有《达摩长寿秘功·点穴按摩法》一书。当地人贾立惠跟师学习点穴疗法，并应用点穴疗法治疗疑难病症，疗效显著。上世纪60年代成立指医科，80年代成立崂山点穴医院。

❋ 基本内容

点穴疗法是根据中医的基本理论进行辨证施术，点穴所用的穴位和刺激线与人体的脏腑、经络、营卫、气血以及神经系统密切相关，强调整体辨证，同时注重局部治疗。点穴疗法具有疏通经络，调和气血，调整脏腑功能，扶正祛邪，平衡阴阳的作用。贾氏点穴流派在传统点法疗法基础上，根据现代力学原理，采用弹击点穴术，弹击力强，速度快，气感大，透筋达骨，疗效更显著。这是弹击点穴技术核心所在。

点穴疗法的穴位共120多个，常用者50-60个，刺激线16条。其循行途径在某些部位与针灸十四经循行线相重，故相当于某经循行线的一部分。

一、点穴手法

点穴手法包括基本手法与辅助手法。

基本五法：①点法（一指点、三指点、五指点），按用力强弱分轻点、中点、重点。

点穴治疗现场

节律：一虚二实、二虚二实、三虚二实、五虚二实。②按法：单手单指按法、单手双指按法。③掐法：用拇指甲进行抓切。④拍法：指拍法、指背拍法、掌拍法。⑤叩法：指腹叩法、指尖叩法。

辅助九法：①滚法；②揉法；③捻法；④扣压法；⑤捏挣法；⑥抓拿法；⑦捶打法；⑧理筋法；⑨矫形法。

二、16条刺激线：

1.上肢刺激线6条

第1条——起于掌侧横纹桡侧端，止于肘横纹桡侧端。

第2条——起于掌横纹中点，止于肩关节前方。

第3条——起于掌侧腕横纹尺侧端，止于腋前纹头。

第4条——起于背侧腕横纹的尺侧端，止于腋后肩贞穴。

第5条——起于二、三、四、五掌指关节背侧，各自沿伸指总肌腱经腕背中点，沿前臂背侧中线至肘关节。

第6条——起于背侧腕横纹的桡侧端，止于肩峰。

2.下肢刺激线8条

第1条——起于踝关节前面，止于髂前上棘下缘。

第2条——起于足五趾跖趾关节背侧，止于髂前上棘后凹陷处。

第3条——起于跟腱内侧，止于此肌之止点。

第4条——起于内踝后凹陷处，止于髂前上棘之下；另一条沿内收肌隆起线，止于腹股沟。

第5条——起于跟腱止端，止于坐骨结节。

第6条——起于跟腱止端，止于坐骨结节。

第7条——起于外踝，止于髂后上棘。

第8条——起于外踝，止于髂嵴中点。

3.背腰部刺激线2条

代表性传承人陈荣钟为广州中医药大学学生授课

第1条——起于后发际处，沿脊柱两侧1－2寸处向下，止于腰骶关节之两侧。

第2条——起于第一胸椎两旁，沿脊柱两侧3寸处向下，止于骶骨上缘。

三、点穴治病的指导思想

1.速率快、气感大、透筋达骨。

2.立足整体，注重局部。

3.分清"筋、骨"，以动为主。

4.宁神守气，意到气到。

5."气、力"结合，功到自然成。

6."治病先治人，治人先治神"。

7.不动则动，以动求动。

8.勇于实践，善于实践。

9.取长补短，充实发展。

点穴疗法由于适应症比较广，临床涉及内、外、妇儿科、骨伤科、神经科等多个学科，因此，要求医者有比较扎实的医学基础，对疾病作深入细致的检查，方能作出正确的诊断。

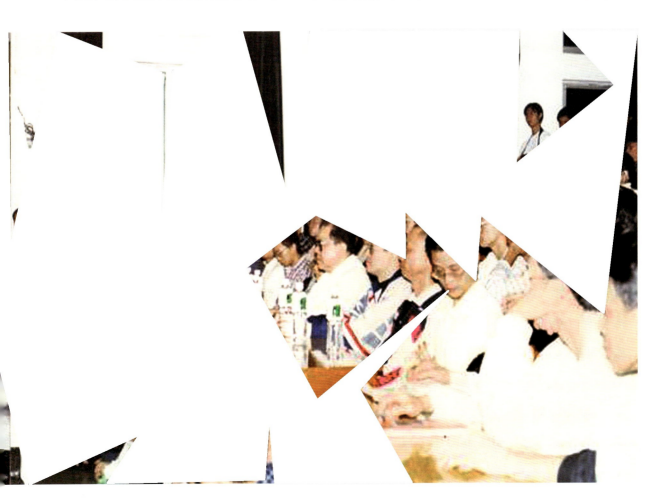

一般可按一看、二问、三摸、四对照、五定位的顺序进行。该疗法以家传及带徒传授为主。

在精究医术的同时，学派以"济世活人"为行医准则，贾立惠常以"吾人研医，为光中华，加惠人类，别无他求"为训示，把治病救人放在第一位。医德高尚，医术精湛，成为贾氏学派的鲜明特点。

❋ 相关制品及其作品

点穴疗法一般不需要其它工具，但对于肢体畸形，需借助矫形工具，如针对膝关节痉挛不能站立者设计的矫形架；针对足内翻、外翻和足下垂者设计的矫形鞋；针对膝关节过伸者设计的护膝胶罩。这些矫形器具，均可起到辅助手法矫正的目的。

贾氏点穴疗法的相关作品包括：李藏山《达摩长寿秘功·点穴按摩法》，贾立惠《点穴疗法》，陈荣钟《中国传统点穴疗法》、《点穴与临床》，陈耀龙、陈淑慧《国医之子》等学术著作，陈荣钟《点穴疗法》科教 VCD。

❋ 传承谱系

代序	姓名	性别	出生年份	传承方式
第一代	李藏山	男	1876	家传
第二代	贾立惠	男	1914	师传
第三代	贾兆祥	男	1947	家传
第三代	陈荣钟	男	1948	师传
第四代	陈耀龙	男	1980	家传
第四代	陈淑慧	女	1980	家传

❋ 主要特征

1. 治疗方法多，疗效显著，尤其对瘫痪类疾病有独特疗效。点穴疗法分基本手法和辅助手法两大类。点穴疗法"气、力"结合、刚柔并济，改用弹击点穴，速率快、气感大、透筋达骨，使气至病所，疗效卓著。

2. 医学理论系统完整，不断创新。经过几代人的不断探索、积累、创新，使来自民间的点穴疗法由实践上升为理论，成为流派的发展基石。

3. 注重医德，治病救人。《点穴术》曰："学技击者，善德不善力。力虽足以折人，而人未必因而心悦诚服，维德是务……盖武功之精者也，必先知生人之道，亦救

深圳市第二批市级非物质文化遗产代表性项目名录

传统医药

世济人之艺也。"点穴疗法强调医德与医术二者不可偏废，仁心仁术，济世活人。

✦ 重要价值

一、医学学术价值

点穴疗法历史悠久，其理论、技艺在中国传统医学中独树一格，有别于内妇儿科等学术体系。尤其在瘫痪类疾病中疗效卓著。经过几代人的努力，出版了相关著述，使来自民间、源于实践的点穴疗法更臻完善，成为国内现存为数不多的点穴流派，得到了海内外医学界的广泛关注。陈荣钟走临床与科研相结合的道路，开展"点穴治难疾"系列科研，总结点穴治病的实用性和科学性，在实践中不断创新治疗方法与学术理论，进一步丰富点穴疗法。

二、传统文化价值

点穴疗法盛行于明代，至今在民间仍有很大的影响。但应指出，民间流传的一些点穴故事，被后人蒙上一层神秘的色彩，是经艺术家们的夸张、渲染而成的。吸其精华，去其糟粕，以务实的态度去整理、发掘、继承点穴疗法，使它更广泛地为人民的健康事业服务，才是我们研究的目的。

点穴疗法的理论融合了道家、佛教的思想，因此其理论体系中自然溶入了太极、八卦等中国古代朴素唯物主义思想，成为中华医药学的重要组成部分，传统文化宝库中的一颗璀璨明珠。

三、社会和经济价值

通过几代人的努力，尤其是陈荣钟医师点穴治病的声望与日俱增，引起了国内外同行的重视，纷纷邀请陈医生出国讲学治病，特别是为联合国副秘书长、泰国总理治病并获题词赞誉成为轰动一时的新闻。点穴疗法已迈出国门走向世界，被国内外同行所认同，求医者遍及海内外，取得较好的社会效益和经济效益。

✦ 濒危状况

点穴疗法虽历史悠久，是传统医学中的一朵奇葩，但从目前的处境和发展预期看，仍存在不少的隐忧。

1.点穴疗法主要靠民间繁衍和私人祖传秘授，至今未有统一的教材，很难普及推广。

2.点穴需要一定武功基础，操术者需要有强壮的体魄和持久的耐力，不是随便能胜任，故求学者少。

3. 点穴要耗损操术者气力，是一种苦活、累活，故很多学习者中途辍学。

4. 在医疗机构中，被视为可有可无的科室，更谈不上重视和保护。

5. 资金不足。点穴疗法对瘫痪类疾病疗效肯定，但要使病人早日康复，必须配合康复训练，需要康复场地和医疗设备。

6. 卫生主管部门制定的相关规定也影响点穴疗法的传承，如到医疗机构工作，要受到名额、学历、年龄等限制，不能从民间不拘一格，招揽点穴人才。

以上几点原因，直接或间接造成点穴事业后继乏人，必须引起重视。

❋ 保护内容

1. 由卫生主管部门对点穴疗法的传人、弟子进行执业资格评定，予以相适应的技术职称。

2. 对点穴疗法知识产权的保护，对传承人创新的治疗方法和革新手法应在相当范围内严格保密，特别防止流失到国外。

3. 重视人才培养，鼓励有较高水平、有较高知名度的点穴专家，举办各种类型的学习班，要求学生全面系统地学习、掌握点穴技术。

4. 重视点穴专科的建设和人才的引进。

5. 开展临床与科研相结合，进一步验证点穴疗法的科学性，有利于点穴疗法的发展。

6. 必要的资金投入，如科研器材、康复器具的购置，出版相关论述、科教ＶＣＤ。

7. 积极开展宣传，介绍点穴疗法的基本知识、特点、治病范围、适应症等，便于患者就医。

❋ 已采取的保护措施

1. 为使点穴疗法后继有人，已于2005年7月由中华中医药学会继续教育部、香港注册中医学会联合举办全国高级针灸（点穴）临床经验学习班；同年11月由广东省卫生厅省中医药科技发展交流中心举办全国速效指针点穴疗法高级研修班（国家级继续教育项目）；2009年分别为香港中文大学中医学院及香港骨伤科学会举办点穴疗法专题讲座。2005－2010年，每年在深圳国际中医药培训中心举办2－3期点穴专题讲座。

2.在继承发扬中总结整理，多篇论文在国家级刊物发表，著书立说，已出版《中国传统点穴疗法》专著，及用于教学的ＶＣＤ专辑，并翻译成英、泰文版本。

3.积极开展"点穴治难疾"系列科研，如已开展的点穴治疗小儿脑瘫的临床研究，经省专家鉴定，有一定创新性，达到国内同类研究先进水平。

4.宣传介绍点穴疗法知识，方便患者就医。

5.2012年，贾氏点穴疗法被列入广东省第四批省级非物质文化遗产名录。

民俗

向南侯王诞祭典

下沙大盆菜宴习俗

向南侯王诞祭典

保护单位：深圳市向南实业股份有限公司

❋ 所在区域及其地理环境

向南村位于深圳市南山区，东临南山大道与南新路，西临前海路，以桂庙路为中心向南北两面延伸。旧时紧靠前海湾，与海相连，现经填海，周边全是高楼、大道。

向南村属亚热带海洋性气候，年平均气温22.4℃，夏长冬暖，气候温和，日照充足。过去向南村是半农半蚝的生产方式，兼以打鱼。1992年，随着农村城市化，村民都转为城市居民，向南村建起了许多高楼和厂房，居民和外来劳务工倍增，道路宽阔，树木成林，成了一个现代化的海滨城区。

❋ 分布区域

深圳市南山区向南村及北头、墩头、桂庙、大新、后海、南山、南园、赤湾等自然村，还有居住在上

向南侯王庙外景与侯王塑像

下梅林、西乡、西丽、水库新村、大冲、沙尾等地的郑氏宗亲，约有 20 多个村。

❀ 历史渊源

据向南村的老人郑元、郑绍辉说：小时候听大人讲，向南村侯王古庙供奉的侯王，为明代十二诸侯之一的陈忠勇。陈公出身庶民，为民请命，官至大将军，并被封侯，死后被封为民间庇佑之神。

向南村郑氏族人约四百多年前从中原荥阳迁徙而来，因向南村紧靠前海湾，村民的生产方式为半农半蚝，有时还要出海捕鱼，为求得风调雨顺、出海平安，村民便求神保佑。

向南村附近桂庙村、北头村、墩头村皆建庙同奉侯王，郑氏族人便入乡随俗，亦建侯王庙，并从桂庙村侯王庙借真身供奉，从此香火鼎盛，延续至今。敬奉侯王最重要的活动，是每年农历四月二十三日的侯王诞祭典。建庙时，庙前栽有两棵大榕村，经深圳市园林部门鉴定，此树有 300 年树龄，故证明向南村侯王诞祭典习俗已有 300 多年。

据村里老人说，旧时祭典活动尤为隆重，其中村民抬侯王神像在村里巡游、鸣炮庆贺的活动已于土改后不再举行了。公社化时，庙旁建有拖拉机站，因机油所浸，庙前的一颗大榕村已枯萎，祭典活动也日渐衰落，从 1964 年"四清"运动开始，祭典活动停止，侯王庙改为大队办公室。

欢聚一堂 同食盆菜

改革开放以后，向南村于 1995 年重修侯王古庙，恢复了侯王诞祭典活动，而庙前的大榕村竟然又枯木逢春，倒是留下一段佳话。

醒狮贺庙

✳ 基本内容

　　侯王诞祭典活动从农历四月二十二日晚上开始。当晚，侯王古庙修缮一新，张灯结彩，乐声阵阵，人头涌动。庙前案桌上摆有烤乳猪、鸡、鸭、鹅、水果、糕点等供品。塔香亭挂满了青烟袅袅的塔香，人们纷纷给祭典活动捐款，显现了人们对侯王的无比崇敬。晚上11点多，族中老者代表全村老少，在庙前排成一排，一一点香，共同向侯王鞠躬，随后又进大殿祭拜。此时，殿内钟鼓齐鸣，殿外鞭炮震天，与塔香亭的青烟交织在一起，组成了一个热烈、隆重的场景。集体祭拜以后，群众备有各式各样的供品，祭拜侯王，特别虔诚。

　　午夜，向南醒狮队来到庙前，先行点香叩拜之礼，随后开始"狮子贺庙"，由两只醒狮向侯王叩拜，大殿内外，都留下了醒狮祭拜侯王的踪影。在庙里拜完之后，醒狮又先后到村头大榕树、村里东土地公、西土地公等处叩拜，随后又绕村外道路环行一圈，最后再回到侯王庙前。这一路锣鼓喧天，鞭炮齐鸣，场面盛大，气氛热烈，充满节日的喜气。

　　农历四月二十三的祭典活动依然丰富。首先，由村里年龄大、辈份高、德高望重的老人为新制作的醒狮点睛，俗称"开光"。随后，开始精彩的舞狮表演，演员在两

向南侯王诞祭典

米多高的梅花桩上做高难动作，十分惊险，扣人心弦。

每逢侯王诞祭典，附近20多个村与有关单位都要派代表前来祝贺，与向南人同欢乐。

中午，在祠堂内外摆了上百桌大盆菜，招待各村代表和各方来宾。

下午，要举行"放生仪式"，早年是向海里放鱼，现因填海，村里离海较远，则改由人们把笼中的小鸟放生，象征积德行善。

傍晚，再次摆上大盆菜，招待本村父老乡亲，大家济济一堂，兴高采烈，体现了浓浓的乡情。

入夜，村里举办了丰富多彩的文化活动，有粤剧、武术、杂技等表演，精彩的节目让观众大饱眼福。最后，在百万响鞭炮声中表演舞狮，以此结束侯王诞祭典活动。

❋ 相关制品及其作品

1. 祭典活动用的制品与供品。

2. 醒狮队、麒麟队、粤剧表演用的服装、道具、乐器等。

3. 摆大盆菜用的炊具、餐具、桌椅等。

长者代表全村老少祭拜侯王

✲ 传承谱系

代序	姓名	性别	出生年份	传承方式
第一代	郑德杨	男	1923	家传
	郑启中	男	1927	家传
	郑绍辉	男	1925	家传
第二代	郑建荣	男	1947	家传
	郑笋容	男	1946	家传
第三代	郑美齐	男	1968	家传
	郑国华	男	1965	家传
第四代	郑嘉俊	男	1974	家传
	郑锦芬	男	1974	家传
第五代	郑耀标	男	1979	家传
	郑明辉	男	1980	家传

✲ 主要特征

一、继承传统美德

向南村民早年由中原迁徙而来到海边，生产生活方式发生改变，加上他们处于弱势群体的地位，盼望有神灵保佑，能过上安定太平的日子，所以信奉为民请命的官员之神。通过祭拜侯王，让人们信奉祈求太平、遵守法规、尊老爱幼、济世扶贫、好人有好报的思想，并作为一种行为规范和传统美德世代相传。这种朴素的民间信仰具有一种言传身教、潜移默化的教育功能，是普通群众的一种精神寄托，能起到维系乡里平安、维持和睦相处的作用。

二、以家族为活动组织者

侯王诞祭典是一种民间信仰的传统习俗，多年来形成了以家族为活动组织者的特征。这种活动并不直接组织生产，安排生活，故历来不由行政机构或经济实体来组织，而是由家族的长者来负责组织，有利于各家各户服从安排，有利于让青少年听从调遣，使活动能照传统的形式办得更好，并代代相传。

三、以活动促进团结

侯王诞祭典活动传承了300多年，由古老的农业社会跨入新世纪的现代化社会，已不仅仅是一种民间信仰的传承，更是通过这种活动，加强了村民间的联系和团结。农村城市化以后，村民的房子住大了，生活改善了，但乡情却淡漠了。通过侯王诞祭典，拉近了乡亲们的距离，许多香港、海外的亲友都回来了，大家欢聚一堂，体现了浓浓的乡情。

四、有一套固定的祭典程序

侯王诞祭典有一套固定的祭典程序：农历四月二十二日夜进行集体祭拜、个体祭拜、狮子贺庙、狮子巡拜，四月二十三日进行醒狮表演、来宾祝贺、摆大盆菜、放生仪式、文艺表演。这套程序使得祭典活动有规可循，能保持特色，既隆重、热烈，又生动、有趣，富有浓厚的民俗文化气息。

❀ 重要价值

一、历史价值

侯王诞祭典活动已经传承了300多年，其间，历经多次改朝换代与社会制度的变更，都影响了祭典活动的兴衰。通过对不同年代祭典活动的研究，可以对其间政治、经济、文化、社会状况有清晰的认识，为历史文化研究和传统民俗活动变迁的研究提供有价值的资料。

二、文化价值

祭典过程中有很多民间文艺活动，如醒狮表演、舞麒麟、粤剧表演、武术、杂技表演。在制作祭典用品时，还有一些独有的民间工艺制作，这些都是很宝贵的民间文化遗产。通过祭典活动，促进了民间文化的发展，丰富了群众的文化生活，具有宝贵的文化价值。

三、社会价值

侯王诞祭典活动加深了亲友邻居、海外侨胞间的乡情，增进了与邻村及有关单位的团结，让许多外来劳务工融进向南社区这个大家庭，对建设和谐社会起到积极作用，具有很好的社会价值。

❀ 濒危状况

随着现代化建设的飞速发展，城市面貌越来越洋气，人们（尤其是年轻人）的生活越来越现代化，对传统民间习俗的情感也随之淡化，若不对向南侯王诞祭典加强保护，该项目将来可能面临失传危机。

❀ 保护内容

1.加大宣传保护侯王诞祭典习俗，尊重人民群众的传统习俗，让活动年年如期开展，并注入健康的文化内涵。

2. 做好相关资料的收集、整理、管理工作。

3. 做好侯王诞祭典的理论研究工作。

※ 已采取的保护措施

1. 1995 年投资 220 多万元，重建了向南村侯王古庙，使侯王诞祭典活动得以恢复。

2. 向南社区工作站和向南实业股份有限公司顺应民意，对祭典活动予以支持，使这项活动能顺利进行，弘扬民间民俗文化。

3. 2008 年，向南侯王诞祭典被列入深圳市第二批市级非物质文化遗产名录。

下沙大盆菜宴习俗

保护单位：深圳市沙头下沙实业股份有限公司

❋ 所在区域及其地理环境

下沙位于深圳市中心区——福田区西南部，东临上沙村，西至著名的红树林自然保护区，比邻珠江出海口，北倚滨海大道，南跨美丽的深圳湾，同香港新界隔海相望。隶属于广东省深圳市福田区沙头

下沙大盆菜

街道办事处。现有面积 0.36 平方公里，常住人口 559 户，1500 多人，全部为黄氏一族。原籍下沙现居海外的黄氏后裔约 3000 人。

下沙建村于南宋时期，距今 800 余年，由东涌、大围、围仔、村仔、新村、东头六个自然村组成。村子背山面海，村后是丘陵和农田，主要种植粮食和蔬菜，村前是海滩，是蚝的天然养殖场。下沙村村民世代以农耕和养蚝为主业，规模最大时，全村共有农田 15000 亩，蚝田 4 万多亩。

该村处于北回归线以南，濒临南海，属于典型的亚热带海洋性气候，全年阳光充沛，气候温和。年平均气温 23.7℃，最高 36.6℃，最低 1.4℃；年日照时数 1975 小时，年均降雨量 1608.1mm。夏季偶有台风，全年基本无霜冻。

深圳市第二批市级非物质文化遗产代表性项目名录

民俗

深圳经济特区成立后，下沙村逐渐进入城市化进程，土地被征用。1992年，下沙村改制成立深圳市下沙实业股份公司，村民全部转为城市居民，成为公司的股东，不再从事农业生产，而变为以房地产开发和物业管理为主业。下沙的面貌也发生了根本性的变化，现在的下沙已是高楼林立、街道纵横，完全见不到农田的影子，成为一个繁华的现代化都市社区。随着城市化进程加快，外来人口大量涌入，流动人口常年保持在3万多人，达到原住民的20倍以上。

分布区域

下沙大盆菜宴习俗分布在广东省深圳市福田区下沙村及深圳湾两岸（包括香港一侧）的大部分围村。

历史渊源

黄氏在东汉时期发源于江夏郡的安陆（今湖北云梦东南），故祖祠称"江夏堂"，俗称"江夏黄"。南宋时期，江夏黄氏后裔黄峭山的第十四代孙黄默堂辗转迁徙，来到下沙开基立村，成为下沙黄氏一世祖。黄默堂墓位于现深圳市内莲花山西北坡。该墓建于南宋理宗淳佑八年（1248年），是深圳地区迄今为止发现的时间最早而又保存完好的地上文物。2002年9月15日，该墓被公布为广东省级文物保护单位。

制作大盆菜

　　南宋末年，元军大举南下。宋少帝赵昺及残军沿海道南逃，来到现在香港新界一带，驻跸二王村（现名宋王台）。时已半夜，又逢大雨，一行人饥寒交迫。村民们闻讯，纷纷拿出自家的食物：萝卜、芽菇、鳝鱼、蚝肉等，一齐倒在一口大军锅里，供宋军充饥。虽说是百家饭菜，味道也各不一样，但是对于饥肠辘辘的士兵们却是香气扑鼻、味美无比。众人狼吞虎咽，饱餐了一顿。能够见到皇帝，能够为皇帝提供饭食，这对于偏处南海一隅的普通村民来说，是一件千载难逢的大事。出于对宋王室的怀念，抵制异族的统治，从此每年元宵前后，村民们便要效仿这件事，用大铁锅制作大盆菜，全村人在一起共进大盆菜宴。吃大盆菜宴的习俗便在深圳湾一带流传下来。

　　最初，村民们是在榕树头下挖坑垒灶，支上大铁锅，制作大盆菜。大盆菜制作好后，就一层层盛在锅里，锅下面还烧着火，大家围锅而吃。后来，大盆菜习俗在流传过程中，又逐渐与婚庆、点灯、祭祖等民间礼仪和节庆活动结合起来，而且加进了舞龙、舞狮、文艺演出（解放前主要是请粤剧班子演出粤剧）等丰富多彩的文化活动使大盆菜宴习俗最终形成了一种大型文化空间。大盆菜宴的地点和方式也发生了变化，不再是在榕树头下围锅而吃，而是在祠堂前的广场上摆上八仙桌、长条凳，将大盆菜盛在木盆里，每桌一盆，成百上千，甚至成千上万人同时开宴，场面非常壮观，形式也非常独特，这是其它地区很少见的。

　　大盆菜宴的习俗自从南宋末年在下沙及深圳湾一带形成以来，一直传承不衰。直至上世纪六十年代中期因"文革"而中断。改革开放后，随着思想的解放和经济的发展，1993年元宵节，下沙的大盆菜宴又恢复了，而且规模逐年扩大。

下沙元宵佳节的大盆菜宴

从 1995 年以来，下沙历年举办大盆菜宴的桌数和参宴人数统计如下：

年代	桌数	参宴人数
1995	650	6000
1996	950	9000
1997	1600	15000
1998	1800	18000
1999	2200	23000
2000	2800	33000
2001	3500	50000
2002	5319	60000
2004	2000	20000

　　2002 年 2 月 23 日（农历正月十二）下沙举办了"深圳市福田沙头下沙黄氏宗亲会元宵节民间艺术系列活动"。当晚在祠堂外广场上举办的大盆菜宴，原计划办 3800 席，因来宾人数不断增加，最后增设到 5319 席，参加人数达到 6 万人分别来自美国、英国、荷兰、新加坡、印度尼西亚等十多个国家和台、港、澳地区，以及国内的许多省、市。这次大盆菜宴的举办席数、参加人数两项均获得了"大世界基尼斯之最"。国内外的很多媒体，包括报刊、电台、电视台等都做了报道，在海内外产生了重大影响。

❀ 基本内容

　　大盆菜宴的主要制作工具：大柴灶、大铁锅、案板、锅铲、菜刀、木盆、八仙桌、长条凳、木柴。

举行大盆菜宴时的下沙金龙（画面是桌……）

大盆菜宴的主要原料：萝卜、芽菇、支竹、冬菇、油豆腐、鱿鱼、木耳、芹菜、干猪肉皮、门鳝干、五花肉、蚝、鲜鳝鱼、鸭肉等十五种。

辅助原料：蒜头、生姜、生葱、炸粉、生抽、老抽、南乳、大小茴、糖、植物油、猪油、蚝油、料酒等。

制作工艺：将主料、辅料分别洗净、切好备用，采用煮、煎、炸、炒、烧、炖等烹调方法，用大铁锅分别将十五种主料一一加工好，做成十五道不同风格、不同味道的主菜。如萝卜过炖，冬菇、五花肉、干猪肉皮过烧，芹菜过炒，蚝肉、门鳝干过炸等。最后以萝卜作为第一道菜铺底，把加工好的十五道菜，按主菜的顺序，一层一层依次盛在大木盆里，大盆菜便制作完成了。

大盆菜宴的举办时间一般是在每年元宵节，举办地点在下沙祠堂门外的广场上。

开宴前要先放鞭炮，并在广场上舞龙舞狮。下沙村有自备的龙和狮。龙长108米，要上百人才能舞动，在深圳算是第一长龙。龙头是用竹子扎制，外面糊上彩色油纸，龙身用红布、兔毛做成，龙须以鱼丝为材料。狮头也是竹子和彩纸做成，狮身是用棉布制成。下沙村的龙狮队由下沙村民和原籍下沙、现居香港的黄氏后裔共同组成。宴会前，客人陆续进场，龙狮则在祠堂外的广场上四处游动，祈求"国泰民安、五谷丰登"，迎接客人，烘托欢乐的气氛。等客人到齐，立即鞭炮齐鸣，鼓乐喧天，龙狮齐舞。广场上人头攒动，热闹非凡，男女老幼涌向广场，犹如"百鸟归巢"。

龙狮舞毕，一盆盆大盆菜摆上桌子，成千上万人同时开宴，场面十分壮观。

解放前，在开宴的同时，还要演出文艺节目。一般是请粤剧班子来演出粤剧。

❀ 相关制品及其作品

1.制作大盆菜用的大柴灶、铁锅、木柴、菜刀等炊具和燃料；

2.制作大盆菜的各种主辅原料：萝卜、芹菜、木耳、猪肉、蚝等；

3.制作完成的大盆菜；

4.开宴用的桌、椅、木盆、碗、筷等；

5.龙、狮、彩旗、龙狮队员服装；

6.锣鼓、鞭炮。

传承谱系

代序	姓名	性别	出生年份	传承方式
第一代	黄普寿	男	1906	祖传
第二代	黄就华	男	1931	祖传
第三代	黄水英	男	1939	祖传
第四代	黄英伙	男	1942	祖传
第五代	黄金玉	男	1948	祖传
第六代	黄灵兴	男	1952	祖传

主要特征

一、历史特征

下沙的大盆菜宴习俗自南宋末年形成以来，已有近 800 年历史，一直传承不衰。大盆菜宴与"点灯"、祭祖等人生礼俗相结合后，每年元宵节都必须举行，除上世纪六十年代因文革等政治原因中断了近三十年外，数百年来绵延不断，具有鲜明的历史特征。

二、地域特征

大盆菜宴作为一种饮食习俗，流传于深圳湾一带，而以下沙为代表，具有明显的地域特征。其制作所需的主辅原料，如蚝、门鳝、蚝油等，也是其它很多地区所不具备的。大盆菜宴的这种地域特征，是与其来源和这一地区人们的生活习俗、礼仪习俗以及以家族为单位建村聚居的历史原因等密不可分的。

三、文化特征

大盆菜宴是深圳湾沿岸地区特有的一种饮食文化，体现了深圳湾一带人们的饮食习俗。它的形成和传承，跟这一地区人口的来源和构成情况是紧密联系的。历史上的深圳地区原本是一个移民地区，其先民多为宋、元时期从中原迁移而来，黄氏家族也是在这一时期迁入下沙的。这些外来人口往往是一个家族聚居在一起形成一个村落。这种全村一姓、全族一姓的情况，为大盆菜的形成和传承提供了便利的条件，形成了其特有的文化特征。

四、国际特征

大盆菜习俗虽然只流行于深圳湾地区，而这一地区的特殊性，造就了这种习俗的国际特征。由于历史原因和地理原因，深圳湾地区的人口流往海外的非常多，如下沙黄氏后裔就分布于美国、加拿大、墨西哥、柬埔寨、越南、马来西亚、新加坡、印尼、菲律宾、泰国及台、港、澳等十多个国家与地区。又由于大盆菜习俗与祭祖等人生礼俗结合在一起，海外黄氏后裔元宵节回国祭祖、探亲，都要参与大盆菜宴。因此，大盆菜宴在国际上也具有一定的知名度和较为广泛的影响，使其具有了国际特征。

❀ 重要价值

一、食用和商业价值

大盆菜宴是流传于深圳湾一带的特殊饮食习俗，以十五种主料和若干种辅料制作而成，其中蚝、门鳝等原料是这一地区特有的。大盆菜综合采用了粤菜的多种加工工艺，将十五种主料分别制作成十五道不同口味、不同风格的菜，然后分层装在同一个木盆里，成为一道独具深圳湾特色的菜品，具有食用价值。又因其特色，大盆菜已经成为下沙几家大型餐馆的招牌菜，获得较好的经济效益。

二、民俗学价值

大盆菜宴的习俗形成于南宋时期，至今已有近 800 年时间，具有悠久的历史，而又几经演变，与男丁出生后的"点灯"、祭祖、婚庆、打醮等人生礼俗和民俗活动相结合，成为人生礼俗、节日活动的一个组成部分。因此，对大盆菜习俗的深入发掘整理，对于了解南粤地区人们饮食习惯的形成，人生礼俗活动、节庆习俗的形成、演变，以及人口流动、民族融合过程等具有重要价值。

三、社会价值

下沙黄氏后裔广布于海内外许多国家和地区。国（境）外的黄氏子孙经常回国探亲、祭祖，参加家乡组织的家族活动，吃传统的大盆菜，规模盛大，影响广泛。中央电视台曾两次进行现场报道。中央、省、市的一些报刊、杂志、电视台做过报道宣传。2002 年元宵节举办的"深圳市福田区沙头下沙黄氏宗亲会元宵节民间艺术系列活动"，举办大盆菜宴 5319 席，赴宴人数 6 万人，参加人员来自十多个国家和台、港、澳地区以及国内的许多省、市，举办席数及参加人数两项均获得了"大世界基尼斯之最"。下沙通过"大盆菜"活动，成功地联谊、联络、团结了海外乡亲，在国内外产生了重大影响。因此，对大盆菜宴习俗的保护和传承，对促进国内外经济、文化交流，对加强与海外华人和台、港、澳同胞的紧密联系，增强民族凝聚力，具有一定价值。

❋ 濒危状况

下沙大盆菜宴习俗延续了数百年，现在也受到了当地政府的重视和保护。但随着社会变革的不断深化和城市化进程的快速发展，在习俗的传承和保护上仍然存在着危机。

1.下沙人的生活方式发生了根本性变化。几百年来，下沙人过着耕山耘海的生活。农耕和养蚝是他们赖以生存的基本方式，尽管黄氏家族有向外发展的传统，但是他们的根基未变，土地和蚝田把黄氏家族的根维系在下沙。但现在下沙村已经不复存在，土地和蚝田都没有了，村民变成了城市居民，几百年来维系族人的根基消失了，与大盆菜宴相联系的点灯、祭祖等习俗都在逐渐衰退，必将影响到大盆菜宴习俗的继续传承。

2.外来人口大量涌入，改变了当地的人口结构。下沙一直是黄氏家族的聚居地，没有外姓人口，这为大盆菜宴等传统习俗的传承，提供了一个相对稳定的环境。随着改革开放的深入，现在进入下沙的外来人口已达3万多人。原住民因购买商品房等原因，不断向外迁移。人口结构的改变将给传统习俗带来不可避免的影响。如大盆菜宴的制作和举办场地能否长期得到保留，家族人员的聚集是否便利等，都存在变数。

3.由于现代生活和外来文化的影响，年青一代的生活方式和价值观发生了很大的变化，对传统习俗已逐渐淡漠。2003年以来，大盆菜宴规模不断缩小，而且不一定在元宵节举行了。如不采取必要的抢救、保护措施，下沙大盆菜宴习俗的继续传承必将受到影响。

❋ 保护内容

一、静态保护

1.进一步全面深入细致地开展普查工作，彻底摸清下沙大盆菜宴习俗产生、发展的历史沿革及其内涵等全部状况。

2.对普查所获资料进行归类、整理、存档，并写出全面、周详的调查报告。

3.建立下沙博物馆，将"下沙大盆菜宴习俗"的有关文献资料、实物、图片等纳入收藏和陈列。

4.组织力量对下沙大盆菜宴习俗开展理论研究，对研究成果整理、存档。

二、动态保护

1. 对每年的大盆菜宴活动予以支持和保护。

2. 帮助做好活动的组织、协调工作。

3. 保护传承人依法开展的传承活动。

4. 组织媒体做好宣传报道工作，扩大其影响。

❋ 已采取的保护措施

1. 政府对大盆菜宴习俗予以支持，2002 年元宵节下沙举办"深圳市福田区沙头下沙黄氏宗亲会元宵节民间艺术系列活动"，设大盆菜宴 5319 席，赴宴人数 6 万人，场面巨大。福田区委、区政府高度重视，区领导亲自到场指导、协调，使活动顺利开展。

2. 组织媒体对大盆菜宴习俗进行宣传报道，扩大影响，提高知名度。

3. 对大盆菜宴习俗进行拍照、录像，保存了部分珍贵资料。

4. 对大盆菜宴的制作场地、设施、物资予以保护，如大灶、大铁锅、桌椅、板凳等都予以妥善保管。

5. 2009 年，下沙大盆菜宴习俗被列入广东省第三批省级非物质文化遗产名录。

代表性传承人名录

邓英莲

凉帽、围裙带编织技艺代表性传承人

邓英莲，女，1929 年出生，龙华客家人。小时候由于家庭贫困，没有受过教育，只能在家帮助父母做一些农务，18 岁嫁到上梅林村，生育了两男两女，现已儿孙满堂。在 2007 年公布的深圳市首批非物质文化遗产名录中，上梅林村的"凉帽带、围裙带编织技艺"被列入其中，邓英莲是该项目的第三代传承人。于 2008 年 5 月，被评为市级非物质文化遗产项目代表性传承人。

邓英莲在编织凉帽、围裙带

广东南部气候炎热，全年日照时间较长，凉帽成为长年在田间工作的妇女们必备的保护用品。为了将凉帽固定在头上，最初以草绳为带，但很容易断，后来改用棉绳、布条，仍然简陋。到了明朝中叶，上梅林的妇女们开始习惯穿着围裙，围裙的下摆有一根布绳，用来将围裙的下端左右两角系于腰间。为了美观，妇女们在围裙上绣花、镶花边，把系围裙的布绳换成丝织带，编成的带子很粗糙，无花纹，无图案，宽窄、厚薄都不均匀。直到清朝初年，上梅林妇女们发明了带翘和带筒，使编织技艺有了新突破，编成的带子光洁平整，宽窄一致。

邓英莲在授徒

编制工具

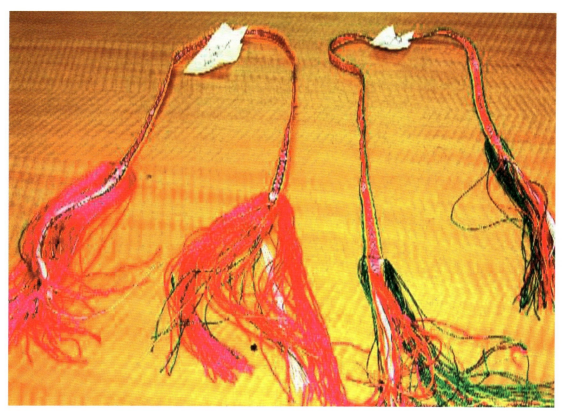

凉帽、围裙带

到了清中期，她们又开始在丝织带上织上图案，加上流苏等装饰。最初的图案比较简单，后来逐步发展，织成了菱花、梅花、兰花、小乌龟等等多种图案。这种丝织带最初用在围裙上，后来，妇女们又将这种丝织带缝在凉帽上，既可以作装饰品，又可以固定凉帽，形成了现在的凉帽带和围裙带。编织凉帽带这门手艺不断被改进，并且一代一代传了下来，但是在物质大潮的冲击下，妇女们的手工活，几乎失传，变成了遗产。

编织凉帽带需要简单的工具：带撬，一把形似匕首的宽5厘米、长30厘米的竹筒；鸡公仔则是布绳做成的"线梳"，夹在各色彩带之间；还有一条布绳绑在织带人的腰间。织彩带之前要配好线，中间一般是红白两色线，红白各为9条，两边则可以随意配各种颜色的彩线，之后，将其剪齐，打成圈。

准备工作完成后，织带人坐在长凳上，打成圈的彩线一头挂在凳子的一端，布绳从线圈穿过，绕在织带人的腰间，绷紧之后，织带人逐条将彩线缠上带筒结一个鸡冠的形状，再按照不同的花色、不同走线的编织口诀来编彩带。编织过程中，彩色左右翻飞，每翻飞一次，带撬就要织紧一次。织完彩带后，留下流苏至一定的长度就完成了整个工序。

凭着织带人的巧手，几种颜色的线可以织出菱花、梅花、三角花，甚至可以织出小乌龟等多种图案。凉帽带、围裙带图案多样复杂，编织必须按口诀进行，因此难度大，需要很高的技艺水平，错了一步都不行，邓英莲称此为"错一步，不成图"，这样会编成没有花纹的"盲带"。据邓英莲说，凉帽带、围裙带是手工活，不像现在机器织的，也没有一个统一的技术标准。在编织过程中，颜色搭配、图案设计相当随意，没有两条织带是一样的，每一条织带都独一无二。另外，不同地方的人织出来的会有细微的差别，比如，客家人织出来的带子比较细。

编织凉帽带和围裙带原来是深圳上梅林很多妇女必备的生活技能，如今30多年没有编织，很多人都忘记得差不多了。妇女们更多的是热衷于其他娱乐活动，年轻女子们即便有时间也没有兴趣学习。为了让流传百年的时尚代代相传，上梅林族长黄邦贤每年多次不定期地组织部分妇女学习编织凉帽带。编织凉帽带手艺复杂，令妇女们对其感兴趣，深刻记住编织凉帽带的技艺，要经常组织她们到祠堂展开相关怀旧活动，如妇女亲力亲为地做糍粑和茶果，邀请其他村民前往品尝，让年轻人了解上梅林过去的传统节日饮食文化，在品尝美食的时候不忘提及凉帽带，收到的效果非常好。

从实用价值来看，凉帽带的作用已经很小了，但是作为流传了几百年的手艺，它是深圳的一个文化标记；另外，在工业社会，现代人对纯手工的编织还是非常怀念的，所以我们需要对它大力保护和宣传。

文琰森

松岗七星狮舞代表性传承人

文琰森传教传统七狮舞狮步伐

文琰森，艺名文琰，男，生于1938年，祖籍宝安区松岗山门村，是"松岗七星狮舞"的代表性传承人及总教练，文天祥的第二十六代侄孙。分别于2009年、2011年、2013年被评为市级、省级、国家级非物质文化遗产项目代表性传承人。

1947年始，年满9岁的文琰正式拜"七星狮"传人焦贤为师，是松岗七星狮舞的第二代传人。1968年去香港正式当教头传承七星狮，他传教的七星醒狮技艺是深圳及香港名气颇大的狮舞门派，也是南狮派传统七星狮舞的典范。自上世纪60-90年代以来，文琰在香港及英国、荷兰、广东省等多地招授学徒数千名。2001年，被东莞虎门选为七星醒狮教练，并成立文琰醒狮队；2006年以来，在松岗不断招收新学员传授七星狮艺，积极参加各项醒狮活动和表演。

传承的"武狮"舞法表演套路主要有：狮子斗蛇（俗称逗蛇、玩蛇青）、毒蛇拦路、蜈蚣型、螃蟹阵、鲤鱼青、踩砂锅阵、椰子青、龙门阵、九指连环、狮子上楼台、上单竹、上双竹（5米高）等技艺。"七星狮"舞步的形态动作独特、技艺精湛。他表演的"七星狮"以鼓乐雄壮、动作威猛而著称。狮头与狮尾协调配合，狮子的动静与鼓乐的节奏配合，展示狮子的喜、怒、哀、乐、动、静、移、睡、卧、行、跃等绝活，并配合得丝丝入扣，相得益彰，体现了狮子与人类相通的各种情绪和性格。其传统狮头、狮身以黑色为主，其他颜色的狮头兼并。

2006年至今，文琰先后在松岗街道的山门社区、松岗街道文体中心、松岗红星社区西坊文氏祠堂、松岗第二小学等传习所进行定点定期定时培训新老学徒。近年，积极参加各项醒狮活动和表演。他组建与带领的团队已成为广东省与深圳本地以及香港声望颇高的狮舞门派，把传统七星狮舞在全国各地传承了10批高徒弟子。先后培训了广东等多个省份弟子有三千多名，前后弟子达到6000名。并在松岗本地不断招收新学员传授七星狮艺，其亲自精心培养的传统七星舞的表演套路有16种。现在采取培训练习与讲座教学形式进行传授狮艺。在传授技艺的过程中，不断摸索探求更好的教学模式，使七星狮传统的舞艺得到更好的传承与发展。协助松岗街道文化体育中

醒狮社正在训练中

文琰森为学生传教舞狮头动作

文琰森正在授艺

心编写制定了"传统七星狮"教学教材，并在学校与训练社进行每周定期培训。目前，松岗七星狮队有多位精英弟子技艺出众，重点对其七星狮步伐、代表舞法加强技术训练，掌握七星狮玩法中高难度动作，文琰从中重点培养出5名出色的弟子以及3名年轻助教，并亲力亲为将毕生所掌握的七星狮艺竭尽所能、源源不断地传给门下弟子，务求使这项国宝文化能更加有效地传承下去。

邓锦平

福永醒狮舞代表性传承人

邓锦平，男，1945年生于深圳宝安福永街道塘尾社区。师从广东省教练邱建国；1980年至今任塘尾醒狮队教练，狮队负责人。于2008年同时被评为市级、省级非物质文化遗产项目代表性传承人。

邓锦平所传授的新狮队除继承和发展了原有醒狮的高、尖、精、新的动作外，还配上了现代的舞狮风格，使舞狮在保持原有风貌的基础上更具有观赏性。

邓锦平在传承南狮已有的技术特征基础上，深入挖掘和提升醒狮特点，使醒狮除以眼睛闭合表示喜、怒、哀、乐的形态以外，还充分利用了口型的张合来表现狮子的心理活动；同时，以呼吸的配合来展示形态的多姿多彩，用颤抖来表现狮子被激怒时的精彩。其风格主要顺沿南狮技艺精髓，动作难度大，狮舞形态更加生动、逼真。

邓锦平在授徒

邓锦平与徒弟合影

邓锦平舞狮至今已四十余年，在福永醒狮技艺传承活动中起到了主要作用，在行内口碑鼎盛。在舞狮技巧上不断突破，在培训新人上不遗余力。

邓锦平在保持福永醒狮独特的表演风格的同时，在动作难度、技巧上不断突破，使面临失传的表演手段得以继承和发展下去。他多次代表深圳参加国内外文化交流，均获得了好成绩。其主要代表狮舞节目有《飞跃重洋》、《狮子过桥》、《狮子过三山》等。

邓锦平所在的塘尾醒狮团，1987年代表深圳市参加广东省民间文化艺术节演出活动，获团体武术冠军、醒狮冠军。

在邓锦平的技术指导下，福永醒

邓锦平参加 2012 元宵群狮会

邓锦平传授技艺

狮获过广东省第一届全民运动会传统龙狮赛南狮第一名、个人武术亚军、团体冠军，广东省第一届体育大会龙狮比赛男子桩狮第三名。2002 年以来，怀德醒狮队、桥头醒狮队先后获得马来西亚国际狮王争霸赛第三名、全国龙狮邀请赛南狮一等奖；"福永杯" 2005 年全国龙狮邀请赛 1 个第一名、2 个第二名、2 个第三名等优异成绩。2009 年，怀德醒狮队作为文化艺术团成员之一，随习近平副主席出访比利时，参加欧罗巴利亚 "中国艺术节"。怀德醒狮队获 2010 "福永杯" 第一届全国南狮公开赛金奖、2012 年 "福永杯" 第二届全国南狮公开赛金奖。

目前，福永的醒狮活动开展活跃，直接参与训练表演展示的人员已达 80 人，仅 2009 年入行学狮的青少年人数就比上年增加 20 多名，形成了浓厚的狮舞文化氛围。邓锦平充分发挥言传身教作用，始终站在一线亲自指导传习活动并亲身上阵示范，手把手教导后生，毫无保留地将技艺传承给了下一代狮头。他不断加强对醒狮艺术的训练和提高，将醒狮艺术挖掘和整理出来并加以传承和发展。

刘永富

龙城舞麒麟代表性传承人

刘永富

刘永富，男，1927 年生，深圳市龙岗区龙城街道五联社区居民。刘永富自幼开始耳闻目睹舞麒麟活动，1948 开始跟随师傅曾善青学习舞麒麟。解放初期即成为舞麒麟的骨干分子。1968 年，刘永富开始负责向后辈传授舞麒麟技艺。于 2008 年同时被评为市级、省级非物质文化遗产项目代表性传承人。

麒麟是客家人所崇奉喜爱的祥瑞神兽，有特异灵性，寓意平安、祥和。客家人常在春节等重大喜庆活动舞麒麟助兴，以示欢乐、吉祥。龙城舞麒麟在当地客家人中又谓之"打麒麟"，表演主要由两部分组成：第一部分以舞麒麟表演为主，分为头套和尾套，统称为麒麟套。头套包括：拜四方、转圈、舔脚、舔尾、打瞌睡等一系列表演动作；尾套包括：拜四方、滚翻、舔脚、采青、引青、探青、吃青、转圈、拜四方等动作。第二部分是以武术表演为主，配以锣、鼓、钗打击乐伴奏，包括打拳术、搏刀剑、打棍张、双盾搏斗等。表演舞麒麟的时候，需要一位男青年舞麒麟头，另一位男青年牵动麒麟尾，随着锣、鼓、钗的轻、重、快、慢节奏，表演中有立、蹲、爬、滚、跑、转、跳等动作。舞麒麟融音乐、舞蹈、武术于一体，有独特的表演艺术特征，是客家民间传统文体活动，是独具一格的传统民俗文化，历史悠久，具有广泛的群众性和民间传承性。

上世纪七十年代起，刘永富就常带领麒麟队伍外出表演。1970 年带领舞麒麟队伍二十多人赴惠东表演，1972 年带领弟子到东莞表演，每年组织队伍赴盐田沙头角等地表演。2003 年参加龙岗区第七届"温馨在龙岗"麒麟大赛，获得第二名。

麒麟队在表演

铜锣（中国大锣，中国人发明的乐器，最早出现在 2000 多年前）

除了经常带领麒麟队外出表演、比赛外，刘永富也十分注重对舞麒麟队伍的培养，从 1968 年授徒至今，刘永富已先后带出了 70 多个徒弟，其中有 4 个女徒弟，先后培养出了刘石养、刘建明等一批传承人。

　　近年来，由于社会的发展和外来文化的冲击，人们对精神文化的需求和喜爱已逐渐发生变化，龙城舞麒麟这一传统民间文化艺术同样不能幸免，越来越少人学习，演出场次和频率逐渐减少。政府在物质上和精神上都给予了大力支持，定期组织社区青年参与传承活动。

　　目前，刘永富依然每天早晨坚持练武，也温习舞麒麟的基本功。如何将舞麒麟这项民间技艺继续更好地传承下去？这是刘永富，也是龙城五联社区和龙城文体中心面临的问题。

阮成洲

"辞沙"祭妈祖大典代表性传承人

阮成洲，男，汉族，1967 年出生于河南省南阳县石刻世家，自小耳濡目染祖辈们神奇的石刻技艺。1987 年高中毕业后就追随祖辈们从事传统的石刻艺术，经常到一些寺院、庙宇雕刻神像、罗汉、石碑等，见到许多信众有着浓厚的民间信仰，为此留下很深的印象。2009 年被评为市级非物质文化遗产项目代表性传承人。

信众骨干传授祭祀活动内容

1993 年参加深圳南山赤湾天后宫的筹建，担任修复天后宫的石刻项目，负责进行刻制天后宫的功德碑林及名家题词等，经常接触到深圳及周边地区和港澳、东莞地区老一辈妈祖信众。通过和他们的长期接触沟通和担任"辞沙"祭妈祖的工作，阮成洲被妈祖文化深深感染，自己也融入到这一传统的民俗活动之中，逐渐了解并掌握了"辞沙"祭妈祖大典活动的历史渊源、活动特征、规律、流程及各地信众的派别和传承关系。

当年懵懵懂懂接触了解到祭拜妈祖情景，今天对妈

"辞沙"祭祀活动

"辟沙"祭祀活动场面

祖文化有了全面的了解，阮成洲对传统文化的认识有了很大的提高。阮成洲和妈祖信众建立了深厚的友谊，经常在一起探讨如何把祭拜妈祖的文化发扬光大，尽善尽美。每年的春节、中秋节、天后诞前夕，阮成洲都会代表天后宫去拜会她们。她们认为阮成洲是赤湾祖庙天后娘娘派遣来的使者，很荣幸、很热情地接待并商议祭祀妈祖活动的事宜。

在赤湾天后宫的筹建工作中，阮成洲吃住在工地，接待来自各地的专家和天后信众，经常向来自全国各地和海外的广大信众介绍、指引祭拜妈祖的传统习俗和形式，有力地支持了重建天后宫的工程；参与了天后宫的重建开光大典，较好地完成了许多具体工作；担任了多年的祭拜天后盛典的组织工作；代表赤湾天后宫参加了福建湄州祖庙大型妈祖祭祀庆典活动、澳门天后宫的开光大典、汕尾天后宫的重光大典、天津天后宫第一届妈祖文化旅游节盛典，加强赤湾天后宫与全国各地主要天后宫的联系；长时间和众多信众与传承人的接触，了解赤湾天后宫大量的历史与活动资料，为申报非物质文化遗产名录项目作了大量的联络、沟通、解释等工作。

布置"辞沙"祭祀场面

　　阮成洲积极向热爱妈祖文化的同事、朋友介绍传授天后宫历史沿革及"辞沙"祭妈祖大典活动的内容特征、规律、流程及各地信众骨干的传承脉系，承担了这一民俗活动的传承工作。

　　阮成洲深刻认识到"辞沙"祭妈祖大典这一传统民俗文化的价值和深远意义，愿意将这一传统项目一直传承下去，为弘扬传统文化做出应有的贡献。

刘权辉

红釉彩瓷（满堂红）烧制技艺代表性传承人

第五代传人刘权辉

刘权辉，男，1966年出生，广东省饶平县人。刘权辉出生于陶瓷世家，中学毕业后就传承父辈产业。1982年至1994年担任广东饶平三饶美术彩瓷厂销售员、经理，1994担任深圳市永丰源实业有限公司董事长。刘权辉在陶瓷界打拼几十年，使得永丰源集团从上世纪80年代的一个小型乡办企业逐步成长为一个立足于深圳的知名总部企业，2009年又在美国设立分公司，影响遍及全球。2010年度被评为"深商风云人物"。2011年，被深圳大学聘任为特约教授。2009年被评为市级非物质文化遗产项目代表性传承人。

"红釉瓷"创于元代而成熟于明代，永乐时红釉更有鲜红为宝之称，宣德红釉更为盛名，被列为皇室用品。在中国陶瓷历史上，"红釉瓷"曾发出耀眼的光芒，只是因为先前的红色釉料不耐高温，烧制艰难，它的宝贵的技术迷失在历史的迷雾之中。真正纯正、稳定的红釉瓷是明初的鲜红，到嘉靖时，又创制出以铁为着色颜料的铁红。鲜红为低温红，铁红为高温，但铁红的呈色不鲜艳为暗红。因高温"红釉瓷"的烧成难度大，烧成成功率低，在技术工艺上没有突破，技艺面临失传。庆幸的是历经潮州九村刘氏家族几代人的探索和研究，不仅继承了颜色釉的传统制作技艺，而且进一步拓展了颜色釉的使用领域，从白瓷到了骨瓷。

创始人刘陕

第二代传人刘亮

第三代传人刘一来

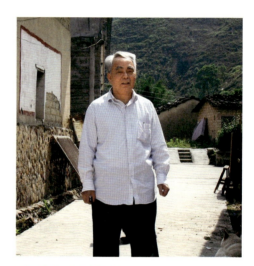

第四代传人刘石丰

　　由于是用于骨瓷生产，所以必须解决色料烧成不稳定、不耐高温等问题。通过不断的摸索和研究，刘氏家族摸索出一套稳定加工色料的工艺。将色料进行特殊处理，用特殊的方法和特殊的材料将色料颗粒进行包裹，在色料颗粒表面形成一层保护膜，这样，色料颗粒在高温条件下就不易被基础釉侵蚀或破坏，可以保证颜料发色均匀，耐高温。由此而诞生了今天的"满堂红""帝王黄"系列产品。

在刘权辉的率领下，企业在遭遇经济危机时逆市飘红，以"auratic"为代表的品牌震动海外市场；产品曾多次被选为国礼赠送给几十个国家元首；被上海世博会组委会选定为世博会指定合作赞助企业，其釉下雕花大型瓷版画成为广东馆"镇馆之宝"；被选为深圳第 26 届世界大运会、中国杯帆船赛等官方活动的赞助商和供应商；"红釉彩瓷烧制技艺"被评为省级非物质文化遗产。正在筹建的观澜瓷谷在 2010 年 12 月被文化部授予第四批"国家文化产业示范基地"，公司走上了一条"文化＋科技"、"文化＋产业"的中华瓷艺复兴创新之路！

池官华

石岩客家山歌代表性传承人

池官华

池官华，男，汉族，1940 年出生，现居石岩街道塘头社区新村，有"石岩客家山歌王"之称。1957 年至 1964 年，池官华在塘头村担任保健员的工作。1965 年至 1969 年间，池官华改到塘头大队广播站做播音员。1970 年池官华离开播音员的工作返回家中，此后的 20 年间池官华都以务农为业。1991 年池官华在石岩镇政府值班室当值班员，直至 2003 年退休回家。于 2008 年同时被评为市级、省级非物质文化遗产项目代表性传承人。

1949 年新中国成立后，池官华跟随着长辈一起在田间劳作，直至 1957 年担任村保健员为止。在这 8 年间，池官华受祖父池桂和叔父池生的影响，开始学习唱客家山歌。在以后岁月中，池官华对客家山歌的兴趣愈来愈浓厚，无论在劳动中抑或休息时，他都经常尽情欢唱，演唱水平也越来越高。

池官华的唱腔大多

池官华在在深圳市首届客家山歌赛上演唱原生态客家山歌

池官华在深圳市第二个文化遗产日启动仪式上演唱

曲调活泼，节奏欢快跳跃，中间部分还往往带有拖腔，而且大都为一字一音，重在表达歌词内容，调式多以小调式见长，韵律也是以平平仄仄的声韵为基调；歌词多以当地客家人日常生活中的口头语言，生动、形象、风趣，往往以物抒怀，真情实景，寓情于景，如《男人嫁到女家门》：叮叮当当，叮叮当当，相亲人来了哟！一对青年人哟，一对青年闹新婚，男叫新光，女新秀呀！男人嫁到女家门呀。山村角落看新人哟！呀！呀！山村角落敲啊敲新门。或曲调委婉细腻，舒缓悠长，把对爱情的执著追求，纯朴而深刻地表现在装饰音上，如《两人好到白头老》：阿哥两人好呀，两人好就要合心哎哟，早晨洗面共盆水，同打江山你说我两人哪！我们两人好哎，哎！两人好到白头老哎，好到罗浮山顶上哪！好到黄河没有水流啊！新做书桌钉铜钉，哎！死同死来生同生，晚上两人人枕睡呀，死后两人共金庵。《男人嫁到女家门》和《两人好到白头老》为池官华的主要代表作。

池官华曾多次代表本村客家人与外村人摆擂对歌，且多有取胜。上世纪六十代后，池官华多次随文艺演出团去宝安县及外镇进行演出，取得了不俗的成绩，为本村赢得了荣誉。2000年以来，池官华连续三年在石岩街道举办的"羊台之光"文化节客家

池官华用客家山歌歌唱党的先进性

山歌比赛中夺冠，成为深圳远近闻名的"石岩客家山歌王"。2007年应邀参加深圳市文化局举办的庆祝活动，登台演唱客家山歌。作为石岩客家山歌主要传承人之一，池官华的个人表演的照片、报道及音视频资料被省、市、区、街道四级文化单位整理、收藏，并进行展示。《南方日报》、《深圳特区报》、深圳电视台等省、市多家新闻媒体均对池官华给予过报道。2004年12月26日深圳电视台《经济视点》对由池官华自创自唱的《歌唱城市化》进行过专题报道。

随着生活的改变和时代的发展，多样的文化娱乐方式纷纷出现，传统的客家山歌越来越难被当代年轻人了解和接受，石岩客家山歌这片园地也渐渐变得少人问津。为了能让客家山歌继续传承下去，池官华常常与一些老年人自娱自乐，唱些有关生活情趣方面的山歌。同时池官华也配合街道的干部、专家整理当地传统的客家山歌。池官华如今已年过70岁高龄，依然身体健康，对石岩客家山歌热情不减。

吴天其

沙头角鱼灯舞代表性传承人

吴天其，男，1958 年出生，深圳市沙头角沙栏吓村原居民。他引领村民挖掘和保护传统民间信仰和习俗活动，体现吴氏族人之间的团结象征，以及与香港新界各乡民的风俗习惯一脉相承，为当地抹上一道道浓厚的民族文化色彩。于 2008 年同时被评为市级、省级非物质文化遗产项目代表性传承人。

自上世纪八十年代以来，吴天其开始收藏文物、代表性的旧物。他称这种做法为"温故而知新"，认为不懂得孕育自己成长的历史，将来怎样把它建设得更美好呢？他除收藏了一批历史照片外，还保存包括村中将失去的有价值的文物、传统文化资料

吴天其向山咀小学学生教授鱼灯舞技艺

鱼灯舞在沙头角春节晚会现场表演

等数千件，并在沙栏吓村内建立了盐田区第一所"村史陈列室"，供大众参观。

　　沙头角鱼灯舞起源于明末清初，是沙头角沙栏吓村的一种独特的民间舞蹈，流行于沙头角、盐田及香港新界的担水坑、岗下新村等地。沙头角鱼灯舞是广场男子群舞，专门在晚上表演，由二十几个男子手举鱼灯起舞。场上有四根龙柱和绕场蓝色水布，用以模仿海底世界场景。表演时不用灯光，观众利用龙柱和鱼灯里的蜡烛光芒，看到"海底"各种鱼类在舞蹈。舞蹈表演的时候，舞者手举鱼灯以低马步俯身曲背运行穿插，使鱼灯呈现出丰富的舞蹈韵律。

　　吴天其为传承文化遗产，组织老艺人和青年成立60多人的"鱼灯舞"队，按传统鱼具制作方法寻找艺人扎作鱼灯道具。在村民们的共同努力下，通过寻根溯源、整理和排练，终于在2003年把这一持续数百年的且中断40余年，面临失传的民间古老传统艺术恢复成型，使其得以传承和发扬。同年，沙栏吓村因"鱼灯舞"而被国家文化部命名为"中国民间艺术之乡"。

沙头角鱼灯舞在 2005 年参加过深圳市第七届"鹏城金秋文化艺术节"汇演，在广东省"岭南民间艺术大汇演"中获得 2 个金奖。2006 年度沙头角鱼灯舞被评入深圳市级和广东省级非物质文化遗产。2008 年经国务院批准，"鱼灯舞"被列入第二批国家级非物质文化遗产名录，成为当时深圳市唯一的民间舞蹈类国家级"非遗"项目，也是唯一本土文化类的项目。

　　吴天其多年来不仅坚持带领全村村民做好挖掘、保护非物质文化遗产的工作，还亲自参加鱼灯舞的排练、表演，为下一代树立了榜样。此外，在百忙之中抽空做好本村传承工作的同时，还在香港传授鱼灯舞的表演技艺。他经常说：能让鱼灯舞一代代传承下去，是他人生中一个成就和希望。

吴观球

沙头角鱼灯舞代表性传承人

吴观球，男，1942年出生，深圳市沙头角沙栏吓村原居民，在建国初开始跟随村里的老艺人学习制作和舞鱼灯，1962年参加沙头角镇渔业大队工作，1997年退休。分别于2008年、2013年被评为市级、省级、国家级非物质文化遗产项目代表性传承人。

沙头角鱼灯舞是集舞蹈、音乐、工艺、美术等多元艺术形式为一体的综合性民间艺术，文化内涵丰富。鱼灯舞的舞步独特，舞蹈动作刚柔并济，变化多端，表演者的舞步自始至终基本保持低桩矮步，并且要巧妙地将身体收藏在鱼灯背后，单手持灯挥舞。

在2002年，吴观球与村长、村民一道对沙栏吓村内的具有三百多年历史的"鱼灯舞"开始重新挖掘、保护和整理。首先组织老艺人和年青人成立60多人的"鱼灯舞"队，大量搜集"鱼灯舞"的有关资料，按传统鱼具制作方法寻找艺人扎作鱼灯道具等。在2003年终于把这一持续数百年的且中断40余年的民间古老传统艺术传承和发扬。同年沙栏吓村因"鱼灯舞"而被国家文化部命名为"中国民间艺术之乡"，曾在2005年参加过深圳市第七届"鹏城金秋文化艺术节"汇演及广东省"岭南民间艺术大汇演"中获得2个金奖。吴观球在保护、传承非物质文化遗产工作中做出了杰出贡献。2008年，沙栏吓村被评为深圳市"非遗"保护先进单位。

吴观球多年来不仅坚持配合村委带领全村村民做好挖掘、传承保护非物质文化遗产的工作，还亲自参加鱼灯舞的排练、表演，为下一代树立了榜样。除做好本村传承工作外，还应邀到多个单位去传授鱼灯舞的表演技艺，其中：

2011年6月，应邀到边防武警六支队十三中队传承鱼灯舞表演技艺。由于战士们的刻苦学习，效果很好。"鱼灯舞进军营"在中央人民广播电台国际中文频道播放；

2012年3月，应邀到深圳职业技术学院传承鱼灯舞表演技艺。同年6月，深圳职业技术学院鱼灯舞表演队还代表沙头角鱼灯舞参加了深圳市"文化遗产纪念日"展

参加澳洲悉尼"欢乐春节"表演

吴观球在十三中队传承鱼灯舞技艺

演活动；

　　2012年4月，应邀到深圳市锦绣中华发展有限公司传承鱼灯舞表演技艺。5月，带领鱼灯舞，参加该公司举办的深圳市本土文化艺术节表演；

　　2012年6月，应邀到深圳市龙岗区依山郡小学传承鱼灯舞表演技艺。该校将鱼灯舞列入学校非遗研究课题。

苏玉莲

疍家人婚俗代表性传承人

苏玉莲，汉族，1951年出生。虽然文化水平不高，也没有任何的歌唱基础，但对于歌曲演唱十分感兴趣。她的兴趣来源是小的时候，在疍家婚俗上，向老一辈的渔民学来的。2009年被评为市级非物质文化遗产项目代表性传承人。

据盐田原住居民族谱记载，1875年，疍家人上岸定居，但仍以疍家人婚俗形式迎娶新娘过门，代代相传，近年婚俗仪式已变得简单化了，许多环节都不唱与婚俗有关的疍歌。疍家人上岸以后迎亲仪式中扒龙船，实际上是一种与婚俗有关的民间集体舞蹈，流传至今。苏玉莲履行传承、教导、指导下代人继承疍家人婚俗的职责。

苏玉莲表演中

苏玉莲积极参加盐田疍家人婚俗仪式，是迎亲队中的骨干。从小耳濡目染，使她非常熟悉仪式过程。

盐田疍家娶亲风俗有7大特点：1、迎亲时，视新娘家离新郎家距离远近来确定队伍集结地点；2、近距离新娘家新娘出门，或远距离娶亲花车回到出口停车，即时锣鼓、鞭炮齐鸣，麒麟起舞；3、麒麟队在前面开路，"龙船"紧跟其后，敲锣打鼓，锣点、鼓点像赛龙舟的锣鼓节奏，一步一划一槌音，1-2、1-2向前进。执葵扇、榕枝者，按此节奏上下挥动葵扇、榕枝，

苏玉莲在疍家文化节唱咸水歌

就像乐队指挥，配合锣鼓节奏指挥队伍前进；4、持桨者按着锣鼓节奏，模仿划龙船动作，边舞边行；5、摇橹人动作要领：两个人各执橹丫的一边，橹的另一端着地，拖着十多个彩色金属易拉罐空瓶；6、行进中呼号要领：由领队指挥，配合鼓点，齐声呼号："嗬－嘿"、"嗬－嘿"，模拟赛龙舟的情形，增添喜庆热闹气氛；7、到达新郎家门前时，全体停止前进。执榕者逗弄麒麟，兴起欢乐气氛。

苏玉莲每年积极组织参加疍家人传承活动，开展2次疍家习俗"咸茶"制作活动，每次参与人数上百人；参加社区群众组织展示疍家文化的文艺节目，如舞蹈《海风吹》《疍家女人》，在深圳市第十届鹏城金秋比赛中均获银奖，引起很大反响，群众参与传承的热情高；连续多年排练的疍家文化为主题的节目以及咸水歌参加社区艺术节文艺晚会，深受群众欢迎；参加非遗活动比赛，获得多个奖项；2012年参加广东省渔歌精英赛暨全国渔歌邀请赛，获得铜奖。

张纪森

观澜舞麒麟代表性传承人

张纪森对小学生舞麒麟动作进行认真指导

张纪森，男，1928年出生，宝安区观澜街道君子布社区居民。20岁从师张红年学艺，至今舞麒麟已有60余年，对麒麟套路、伴乐等样样精通，传承人100多个，其中麒麟头舞者20多人，麒麟尾20多人，武术套路40多人，伴乐10多人。于2008年同时被评为市级、省级非物质文化遗产项目代表性传承人。

观澜舞麒麟（包括君子布、松元厦、樟坑径和桂花4支麒麟队）套路明确，富有节奏感，动作刚猛有力，麒麟神态栩栩如生。其中，君子布麒麟套路分为前后两套，表现麒麟一天的生活习性，包括了起床（洗脸、舔酬、舔脚）到游玩、找青（吃的东西）、吃青等。在表演过程中，结合喜、怒、哀、乐、惊、疑、醉、睡等各种动、静神态，把麒麟的神态表演得活灵活现，具有很强的观赏性和审美情趣，让观众陶醉在精彩表演的同时，领略到客家舞深刻的文化内涵。

张纪森带领麒麟队曾到过龙岗、布吉、南

张纪森对小学生拳术动作进行纠正

张纪森带领君子布麒麟队宗祠前麒麟表演

山、盐田、东莞、香港等地表演 400 多场。作为君子布村麒麟队的老师傅，张纪森到现在已经培养出了一百多位舞麒麟的好手，至今君子布村麒麟队 50 多名队员，仍然坚持训练并经常外出表演，深受群众喜爱，广受民间好评。张纪森如今已年过 80 岁的高龄，却依然还活跃在麒麟队当中，每月定期到学校去指点少年麒麟学员，让观澜客家麒麟舞得到了很好的传承和发展。

君子布麒麟队在 40 年代曾应邀到香港新界进行表演，在 80 年代初还参加了深圳市第一届麒麟比赛。凭借着过硬的功夫和精湛的技巧，张纪森所带领的君子布麒麟队多年来跟其他各麒麟队进行过 200 多场交流表演，赢得他们的一致好评。

张纪森带领君子布麒麟队送上春节送福

陈汴生

平乐郭氏正骨医术代表性传承人

陈汴生，男，1953年出生，副主任医师，现任深圳平乐骨伤科医院首席专家。1986年，陈汴生跟随平乐郭氏第五代传人郭春园从河南郑州南下深圳，参与创办了深圳平乐骨伤科医院并从事临床一线工作。陈汴生在郭春园指点下，系统地学习了以平乐郭氏推按法为主的平乐正骨医术。于2008年同时被评为市级、省级非物质文化遗产项目代表性传承人。

在平乐郭氏正骨医术中，陈汴生最擅长于平乐郭氏推按法，它是平乐郭氏正骨医术的一个重要内容，是郭氏正骨八法之一。它不同于常规的按摩手法，是一种"重"的推按整脊法，通过皮与肌之深部按摩，掌指推摩与指之滑按等方法完成。其常用手

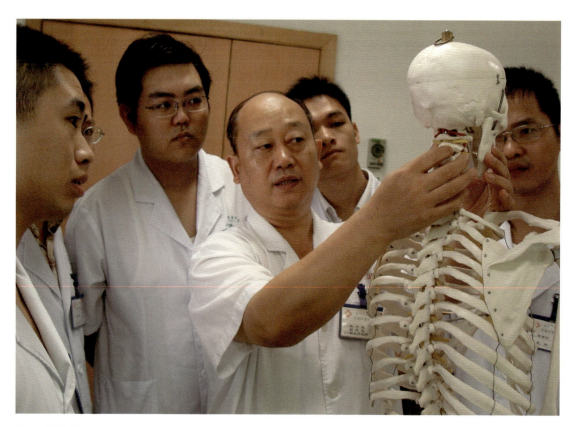

陈汴生讲学

平乐医院特有的十三种纯中药制剂　　　　平乐郭氏正骨祖传外敷药：三七散

法有滑按、旋按、牵拉推按、合力推按等。基本操作方法是双手掌根置于患者椎体水平之骶棘肌上。随着患者的呼吸，于呼气末向头部方向推按，其手法治疗颈肩腰腿痛疾患有独到的疗效。

陈汴生将在郭春园身上学到的平乐医术毫无保留地传授给年轻医生，每周一至周六上午，他通过口述、现场观摩、手法实践指导、疑难病历讲解等方式进行临床教学指导。多年来，他培养出一批批掌握了平乐正骨推按技术的骨干力量，在他最初亲自

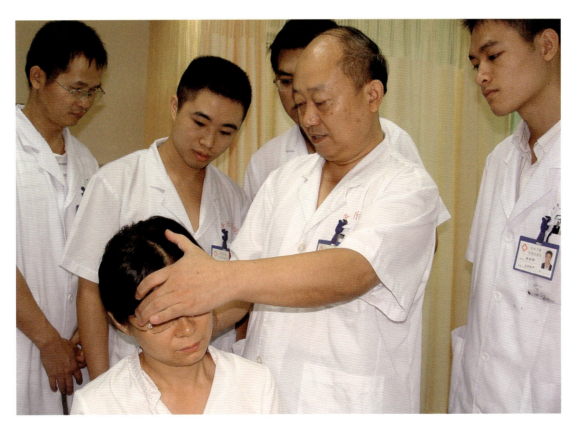

陈汴生在教授学生

培养的数名医生中，已有3名医生成了科室主任。在其带领下，科室人员用平乐郭氏正骨推按法治愈了无数久治不愈的海内外患者，深受好评。

此外，在近几年的平乐推按手法比赛中，陈汴生亲自当模特扮病人，让参赛医生在他身上进行演练推拿手法。四五十位参赛医生不停地在其身上"重推"，他一边亲身感受着他们的手法及力度，一边纠正着他们的每一个动作。由于平乐推按手法太"重"，比赛结束后，陈汴生无法起身，但他总是说：只有这样，他才知道他们手法的位置及力度运用正确与否。如今，他仍坚持带教青年医师，为医院培养第二梯队的平乐郭氏正骨医术的人才。

除了日常带教工作，陈汴生也十分注重非遗学术研究。他主持的广东省科研项目——"平乐郭氏合力推按法（三段一步七法）治疗腰椎间盘突出症"已顺利结题；同时，他撰写多篇有关平乐推按法的论文先后在省级、国家级杂志上发表。2011年底，他主编的《平乐推按法》已由人民卫生出版社出版。该书是在平乐郭氏正骨医术的基础上，集数十年的临床实践，择其精华，不断发展、总结、补充、完善，且注重实用性的医学专著，是对中医传统文化及平乐郭氏正骨法的最好传承与发展。

张志明

坂田永胜堂麒麟舞代表性传承人

张志明，男，1959年出生，永胜堂舞麒麟第十一代传承人。师从张富安、张新华，11岁（1970年）入行，在永胜堂麒麟队学习舞麒麟和武术。分别于2009年、2012年被评为市级、省级非物质文化遗产项目代表性传承人。

张志明自小就对舞麒麟有特殊的感情，自加入麒麟队后，张志明就刻苦练习武术和舞麒麟的动作，从学习扎马步和舞麒麟尾开始，边练习武术，边学习舞麒麟。因个子比较矮小，武术功底较好，动作干净利落，能将舞麒麟的

永胜堂舞麒麟开光仪式

张志明带领麒麟队在祠堂进行参拜

伏、跳、跃、等动作做得非常到位，将传说麒麟喜、怒、乐、惊、醉、睡等形态惟妙惟肖表现出来。1998年起担任麒麟队总负责人，2002年任麒麟队堂主。如今，麒麟队在他的带领下，队员已发展至38人，最年长89岁，最小9岁，是一支优良传统、思想纯朴、和谐团结的民间文艺团队。

张志明教授队员表演武术——短刀

张志明熟悉表演、教授全套永胜堂舞麒麟动作，包括套路动作，基本动作，武术拳术棍术等。舞头动作干脆利落，摇头、点头、摆手、伏身等动作能将麒麟的喜怒哀乐活灵活现地表现出来；舞尾动作灵活，重心低，能在乐器的伴奏下，与舞头者配合将麒麟身姿表现得如一只腾飞的龙一样。此外，他还学到了师傅的绝活，用嘴咬住麒麟头的下颌，手抓麒麟背，与麒麟尾配合，单腿独立，表演麒麟摆首的动作。此动作要求与尾舞者默契配合，才能不使表演者受伤。

张志明教授小队员表演武术——对打棍

1972 年，张志明代表布吉公社武术队在宝安县文化宫比赛获第一名；同年，代表宝安县出席惠阳地区武术比赛，获第一名；代表惠阳地区出席在四会县举行的广东省武术比赛，获第二名；被惠阳地区体育运动委员会邀请加入惠阳杂技团。

　　1998 年至 2003 年，张志明任麒麟队总负责人期间，个人出资资助永胜堂麒麟队共计二十万，为麒麟队添置器材、道具，并为麒麟队支付日常和出赛、演出的开支。张志明还鼓励村里青年人加入麒麟队，充实麒麟队力量，确保永胜堂舞麒麟的传承。

　　2004 年 11 月，参加深圳市小龙狮麒麟舞比赛，获第二名。2008 年、2009 年，带领永胜堂麒麟队参加省级比赛，分别获得 5 个一等奖，仅 2009 年，永胜堂舞麒麟演出次数达 45 次。2008 年 11 月，参加广东省第二届舞麒麟大赛，获金奖。2009 年参加全国龙狮大联动（深圳市）活动，永胜堂麒麟队是唯一舞麒麟表演队伍。2009 年 8 月，参加广东省传统龙狮麒麟锦标赛，获第一名。

　　张志明不仅以身作则，带领永胜堂麒麟队参与各种表演与比赛，而且还热衷于传承永胜堂舞麒麟。2002 年任永胜堂麒麟队堂主后，教授新队员舞麒麟技艺和武术动作；2009 年暑假在深圳市西乡街道对少儿教授舞麒麟。

何连胜

舞草龙代表性传承人

何连胜，男，1947年出生，南澳街道南渔社区人。1952年跟李容根师傅学习舞草龙及扎龙。1988年成为舞草龙的骨干分子。2000年至今，成为舞草龙队的总教头。2009年被评为市级非物质文化遗产项目代表性传承人。

舞草龙主要分为"扎龙"、"舞龙"和"送龙"三个步骤。

何连胜扎龙头

何连胜扎龙

每年大年初二早晨，何连胜带领渔民们到附近的山上割草，并在当天晒干。下午四时左右，指挥渔民们将野草用绳子扎成节，约1米长（带有弧度），用作草龙的龙身，同时用有叉的木棍(约1.2米长)牢牢撑住龙身。节与节之间用红绳子连接起来，这样便制作成一条八、九十米的长龙。

晚上7时，把草龙搬到天后庙门前，锣鼓敲响。先给草龙身上的香火点燃，草龙变成了火龙。接着，由有威望的长者进行点睛仪式（长者向龙头三鞠躬，将作眼睛的手电开亮）。然后，一精壮汉子高擎草龙头，向着天后庙跪拜，舞龙者将龙头俯首作三拜，舞龙开始。此时，擎起的龙头两眼射出亮光，龙须飘逸，龙身上的香火闪闪发亮，一条长长的火龙伴着锣鼓声向渔民村进发，且舞且进，浩浩荡荡，甚为壮观。草龙所经之处，无论是民居（包括从香港

何连胜参加南澳大型文艺晚会演出

何连胜现场指导舞草龙

南澳籍渔民）还是店铺，都在自家门口点燃红烛，奉上生果、水酒，燃放爆竹和纸宝，迎接草龙通过。整个渔村一片欢腾，一派节日喜庆景象。

晚上8时30分左右，舞草龙队伍来到月亮湾码头举行"化龙"（即送龙）仪式。先举龙向西北方向拜三拜（传说龙归西北方安身），然后把龙头在上，龙尾在下堆在一起。接着烧纸宝、蜡烛及龙衣并再拜三拜，最后点燃草龙，燃放爆竹。全村男女老少都来送龙，一时间，鞭炮、锣鼓齐鸣，码头火光冲天，场景蔚为壮观。草龙化为灰烬后，人们带着吉祥慢慢离去。

何连胜先后带出何伟明、何文辉、周志雄、李卫兵等一批扎龙及舞草龙的传承人，2006年11月，亲自指点制作草龙参加广东省非物质文化遗产作品展览。2009年起，连续三年深入学校、幼儿园进行传承、指导、培训。2010年，根据《舞草龙》原型创作的舞蹈《草龙闹春》，荣获龙岗区文艺精品奖。2011年指导徒弟扎龙，参加大运场馆"非遗"展览厅进行展览。多次参加深圳市"非遗"展演活动、"欢乐闹元宵"等活动。

陈荣钟

贾氏点穴疗法代表性传承人

陈荣钟

陈荣钟,男,1948年出生。现为广州中医药大学深圳临床医学院点穴针灸专家、深圳市名中医学术经验继承指导老师。分别于2009年、2012年被评为市级、省级非物质文化遗产项目代表性传承人。

陈荣钟从医40年,集点穴、针灸、推拿、正骨、方药于一身。原从事中医内科临床工作,深感一门之技不能解百疾,内外兼治才能效捷而功著,于上世纪80年代拜贾立惠为师,承传点穴治病绝技。曾为泰王国总理差瓦立诊病并获题词赞誉,受到联合国副秘书长莫里斯·斯特朗、世界卫生组织总干事陈冯富珍、李鹏委员长等接见。国内外主要媒体均作过报道。

陈荣钟根据现代力学原理,在传统点穴基础上,采用弹击点穴术,速度快、气感大、透筋达骨、疗效更佳。又根据经络循行的特点,创一线点、双手同步点等手法,提高疗效又节省时间。为验证点穴疗法的可靠性、实用性和科学性,开展《点穴治难疾》系列科研,先后获省、市科技进步奖;不断创新,将临床经验总结整理,著书立说,出版了专著《中国传统点穴疗法》、《点穴与临床》及十指克顽疾科教VCD中、英文专辑。多篇论文在国家级刊物发表。上世纪80年代末创办广东省唯一点穴治疗

陈荣钟获共和国建设者勋章

陈荣钟讲学中

举办点穴疗法学习班

中心，国内外患者慕名前来求医。

　　他针对中风后期患者出现的关节僵硬、功能障碍突出等现象，提出"治瘫重治节"的新思路，经过多年的不断总结，整理出"治瘫十法"，使众多偏瘫患者迅速恢复了步行；对于小儿脑瘫出现的"十个儿瘫九个怕惊"这一特殊病状，提出了"以惊治惊"新观点，他开展的科研项目《点穴治疗小儿脑性瘫痪的临床研究》经广东省中医药科技成果鉴定：运用中医传统点穴疗法对患儿实施治疗，疗效可靠，有创新性，达到国内同类研究的先进水平，有推广应用价值；对重度面瘫患者，他结合西医解剖学面部表情肌的肌理，探索出新的穴位，创唇睑刺激法治面瘫，取得神奇疗效，被誉为"面瘫克星"。在治疗颈椎病、骶髂关节错骨缝、腰突症等常见病也收到较好疗效。由于他刻苦钻研，业绩突出，当选深圳市名中医学术经验继承指导老师，获全国中医外治技术发展突出贡献奖。

为使点穴疗法后继有人，他把一对双胞胎子女陈耀龙、陈淑慧培养成医学博士，传承点穴疗法。举办多期全国点穴疗法学习班，学员遍及全国各地。每月两次下基层社区义诊、指导基层医疗工作，经常在深圳市国际中医药人才培训中心举办点穴专题讲座。

陈瑞琼

南澳渔民娶亲礼俗代表性传承人

陈瑞琼，女，1946 年出生，大鹏新区南澳街道南渔社区人。1955 年跟随古利通师傅学习水上迎亲舞，成为水上迎亲舞骨干分子。1968 年后，负责指挥水上迎亲舞。2009 年被评为市级非物质文化遗产项目代表性传承人。

陈瑞琼在幼儿园授课

"南澳渔民娶亲礼俗"是南澳渔民在独特的环境条件下形成的，整个过程有订婚、娶亲、庆贺等。

首先是订婚。渔民男青年到了结婚年龄，经人介绍对象后，便向女方送上钱、水果等订金，并拿到女方的出生年月日期及生辰八字，然后放在船上设的神台，烧三柱

陈瑞琼参加南澳文化大巡游活动

渔民迎娶新娘场景

香，三天后如没有打烂碗碟，就算订婚成功，接着便可筹办娶亲事宜。

迎亲是礼俗活动的高潮。成亲那天，新郎头戴毡帽，身穿长衫，腰挂两条红带，两鬓插银珠花，胸戴一朵大红花。新娘穿上红袍，鬓插红花，脚穿花鞋。按择好时辰，男家接亲船便划桨向新娘船开过去，新娘船停着不动，周围停泊十几条陪嫁船。迎亲水路上，新郎船放起鞭炮，打起锣鼓，海面欢腾热闹。两船相接后，新郎在迎亲队伍簇拥和老者引导下踏上新娘船，迎亲仪式正式开始。主婚人宣布婚仪，新郎与新娘相对站。首先，新郎新娘向船舱外焚香点烛拜大海，接着敬献鱼肉水果等供品，三叩头，以敬天地，拨些酒茶到大海。然后夫妻跪拜父母，新娘并唱上一首离家歌："女儿今日要嫁人，又欢喜来又伤心，父母之恩深过海，养育恩情记在心。"此情此景，父母扶起新郎新娘，说些安慰和祝福的话，并唱："涯女出嫁别爹娘，过船隔水不离港，俩人同船担风险，夫妻恩爱似鸳鸯。"陪嫁船上的姐妹也唱起歌："日头落光海渐阴，姐妹分离刀割胸；姐妹分离心凄切，姐妹分离各回船。"男的也唱祝福歌："你听涯来唱条歌，恭祝阿哥俩公婆，恭祝明年生贵子，阿公揽孙笑呵呵。"歌声、欢笑声、锣鼓声响彻南澳湾。

现在南澳的渔民娶亲已经在陆上进行，但以往的娶亲礼俗却一直沿用至今。虽然娶亲时不再用船了，但就在娶亲的当天，仍以划旱船替代，并以载歌载舞的形式来表现。

陈瑞琼作为传承人，每年都会组织本村妇女，传授迎亲舞的技巧，先后带出郭惠清等一批迎亲舞的传承人。2005年，参加广东省民间艺术广场大汇演，获得金奖。同年，

陈瑞琼参加深圳市"非遗"展演活动

参加深圳市第八届鹏城金秋民间艺术广场文化节，获得银奖。每年只要是男方娶新娘，陈瑞琼都会带着迎亲队伍进行这样的仪式。2005年，把原型改编成《渔民娶亲舞》，参加广东省第二届民族民间艺术大巡演，荣获金奖；2011年，在大运会期间，协助深圳市电视台拍摄大运宣传片；连续三年参加深圳文博会，在分会场玫瑰海岸进行表演；2011年，以其形式和元素进行音乐创作，创作出歌曲《船说》，参加深圳市鹏城金秋音乐比赛，荣获铜奖。

张航燕

客家凉帽代表性传承人

张航燕，男，1955年生于深圳宝安。1970至1986年在甘坑凉帽厂任职工；1988年至1990年在顺年胶花厂任厂长；1999年至今在凉帽居民小组任治安队长。2008年被评为市级非物质文化遗产项目代表性传承人。

深圳客家凉帽古称"凉笠"。客家人戴凉帽的习俗，北宋年间就有苏东坡的"苏公笠"记载。深圳客家凉帽的制作，从清朝嘉庆年开始已超出200年历史。早年甘坑凉帽村始祖张锦超，学到从福建长汀府张太婆传承过来的凉帽手艺后，传给子孙。1970年，张航燕开始向父亲张庆南学习编织技术。多年来，他的编织工艺不断创新、发展，日

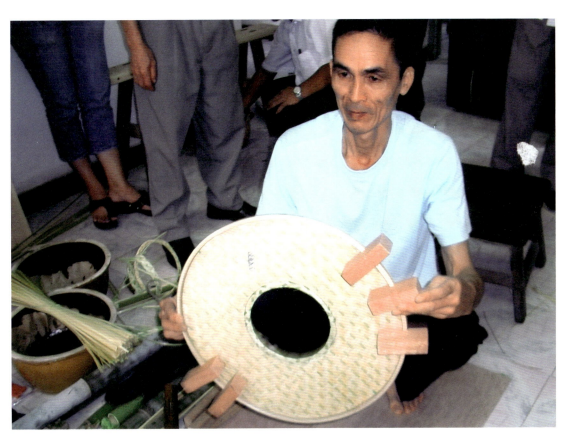

张航燕在制作凉帽

客家凉帽　　　　　　　　　　　　　凉帽编制工具

臻完美，成为凉帽村编制凉帽的带头人。

张航燕的主要代表作为客家满天星、娥眉花凉帽，熟悉破篾、咬篾、扎框、弓帽等工序和绝活。其技艺的特点主要表现在三方面：其一，选料、破蔑精准，所选材料厚薄适中，粗细均匀，以口撕蔑技术精准娴熟，所破之篾面平滑，令人惊叹；其二，编织速度快，熟悉多种凉帽编织图案口诀，编织工艺精美；其三，在削革时力度恰当，削刀锋利，眼界准确。

为了客家凉帽编织技艺能被永久继承下去，张航燕始终坚持教授徒弟。目前，他所带的徒弟都是本地人，利用周五、周六晚上进行训练。"客家凉帽"制作技艺作为省级非物质文化遗产保护项目，他深知责任重大，在有关部门指导下，把凉帽编织作为一门培训课程，从娃娃抓起，培养更多的后备人才。

为了传承这项技艺，张航燕一直在努力寻求适合客家凉帽发展的方向。他曾多次接受《深圳特区报》、《晶报》、《龙岗侨报》等媒体的访问并现场演示多种凉帽工序。2011年大学生运动会期间，张航燕在大运村作凉帽加工工艺现场演示；2012年，参加了第八届中国（深圳）文博会坂田手造文化街展演，开展了为期5天的凉帽加工工艺现场演示活动，扩大了凉帽制作技术的社会知名度。

上世纪60年代，甘坑凉帽村的凉帽参加广东省进出口商品交易会。其后，甘坑凉帽远销东南亚、香港等国家和地区。张航燕编织甘坑凉帽曾作为代表到惠阳地区参加工业产品展览。

张航燕为凉帽的传承和发展所做出的不懈努力已显成就，在他的带领下，挽救了具有客家特色的民间工艺——客家凉帽，走出了濒临失传的危险境地。

欧进兴

大鹏山歌代表性传承人

欧进兴，男，1939 年出生，深圳大鹏新区王母社区原居民。1961 年到大鹏村委工作，任副书记、主任；1983 年，调大鹏镇任建设办主任，后到综治办、城管办任主任及负责人至退休。分别于 2009 年、2012 年被评为市级、省级非物质文化遗产项目代表性传承人。

欧进兴教授大鹏山歌

欧进兴在演唱大鹏山歌情歌对唱

欧进兴在 8 岁的时候，于放牧间向长辈学习唱大鹏山歌，年轻时被公认为"大鹏山歌王"。能即兴编词，即兴演唱，非常擅长唱"地名歌"和"咸水歌"，在大鹏的很多民间的山歌擂台赛中都有突出表现。他善于改编大鹏古老的山歌，把文言文、深奥冷辟的山歌句子变得通俗易懂，老少皆能传唱，广受欢迎。

大鹏山歌吸收了外来渔歌、咸水歌等音乐元素，融合本土曲调，形成一个较为完整的、具有本土特色的山歌种类。大鹏山歌在山间、田头、海角、村尾等地方均能演唱，人多能演唱，人少亦能演唱；能即兴编词，即兴演唱，看到什么就能唱什么，想到什么就能唱什么，唱出地方风味和特点，极富表现力和感染力。大鹏山歌除了生活歌、爱情歌、劳动歌、掌牛歌外，还有哭嫁歌、哭丧歌、地名歌和仙歌，并且和大鹏军事古城的历史紧密相

179

欧进兴与大鹏山歌队演唱

欧进兴在晚会上演唱大鹏山歌

结合，表现当地人文生态环境。大鹏山歌音调平缓，委婉动听，具有特色，为群众所爱听爱唱。

欧进兴积极参与各项展演、展示活动。2011年，参与了"非遗"进社区的展演、展示活动，所演唱的大鹏山歌《童谣》深受孩子们的喜欢；2011年9、10月参与第四届深圳市滨海休闲旅游节暨大鹏所城文化月活动；2012年9月，代表大鹏办事处文体服中心参加深圳市举办的首届山歌大赛，获原生态组的组织奖；2012年12月，在大鹏文体活动中心举办一场非遗进校园的展示、展演活动。

欧进兴经常参与《大鹏山歌》普查工作，积极配合录制、采访、录像、演唱，为大鹏山歌的静态保护起到关键作用。配合文体服务中心对大鹏山歌的各种类型的唱词进行分门别类的搜集整理，编印成《大鹏山歌》一书。

欧进兴积极协助文体中心组织了由鹏城老人中心文艺骨干组成的大鹏山歌演出队，为社区民众演唱大鹏山歌，并利用各种节假日设台传唱大鹏山歌，使大鹏山歌得到较广的传承。

为了保护、再现、继续推广大鹏山歌，欧进兴及其两位大鹏山歌学徒每月两次走进校园（中小学、幼儿园等）授徒传唱大鹏山歌。

罗盘颂

龙岗皆歌代表性传承人

罗盘颂，男，1947 年出生，深圳龙岗区龙岗街道龙东社区二村人。1967 年在龙岗中学初中部任语文、音乐教师；1972 年调宝安县文化局文艺队任创作人员，2007 年退休。2009 年被评为市级非物质文化遗产项目代表性传承人。

罗盘颂 6 岁跟随一个编箩筐的阿保叔公（原名：罗保。已逝）学习皆歌的。阿保叔公每次编箩筐时自编自唱，引起他的好奇："丹竹一条直笔笔，破竹篾把箩织。竹箩挡谷转屋卡，煮饭食饱肚哗哗"（客家话）。阿保叔公把皆歌融入到自己的劳作之中，贴切地表述了生活的现实与追求。在阿保叔公的指引下，罗盘颂学用皆歌吟唱制

罗盘颂参加首届山歌大赛

罗盘颂在"大运文化园"非物质文化遗产展演舞台上与国外观众互动

作客家陀螺的过程，在那一时刻起，罗盘颂捡起了皆歌艺海中的第一枚艺贝，从此，皆歌一直伴随他的艺术人生。

龙岗皆歌起源于龙岗，从清朝末年传唱至今，已有一百多年，深深地植根于龙岗的民间生活里。皆歌只在龙岗地区流行，以客家方言演唱，具有方言口语化的特点，易懂易唱，易于流传。它的曲调简朴，很多人一学就会。演唱的形式多种多样，可以清唱，也可以用器乐伴唱；可以独唱，也可以合唱、齐唱；还可以分开对唱，众人伴唱。千变万化的主题词可以用来随意表达人们的喜怒哀乐，笑骂由人，直抒胸襟。皆歌的衬词（即伴唱词）部分是固定不变的，始终保持独有的特色，万变不离其宗，一听就知道是龙岗皆歌。

作为龙岗皆歌传承人，为了更好的挖掘和传承皆歌，罗盘颂不断查阅资料和走访皆歌老艺人，追寻其在起源和存续期间的历史足迹，了解皆歌在各个时期的社会人文状况中的传唱情况、变化过程。

罗盘颂将皆歌的技艺深入发展创新，不断参与龙岗皆歌的社会展示活动，扩大皆歌的知名度和影响力。2008年，与深圳市本土文化研究会一起创作以皆歌形式为主体的舞蹈《客家妹子嫁老公》，获得全球首届客属文艺汇演金奖；以客家山歌、皆歌

罗盘颂在龙岗中学教授龙岗皆歌　　　　　　　　　罗盘颂在学校教授龙岗皆歌

等形式，自编自导的《转唐山》表演唱得到社区居民好评；2011年，第二十六届世界大学生运动会期间，作为本土文化的皆歌在大运会非物质文化遗产展演上，深得海内外人士的一致好评。

在龙岗街道办事处的大力支持下，罗盘颂抓紧开始培养传承人的行动。目前，已将皆歌深入学校，进行开展传承和发展，掀起了师生写皆歌、唱皆歌、传皆歌的热潮。学校将皆歌作为合唱团的保留曲目。同时，开始在街道老干活动中心等处物色皆歌传唱人选。

骆仲遥

骆氏腹诊推拿术代表性传承人

骆仲遥，男，1953 年出生。跟随骆氏腹诊推拿第三代传人骆竞洪学习祖传的腹诊推拿术，1971 年开始担任临床推拿医师工作，传授骆氏腹诊推拿的技术。1991 年调入深圳后，担任世界在线联盟中国骆氏腹诊推拿研究院院长等职。代表性著述有《临床医学词典》、《推拿入门》、《三宝合璧—中药、针灸、推拿治疗常见病、疑难病》等。2009 年被评为市级非物质文化遗产项目代表性传承人。

骆氏腹诊推拿术是运用腹诊法判断病之表里、寒热、虚实，根据腹诊辨证，选用不同的手法和治法以防治疾病。清朝末期，骆化南创立独特的骆氏腹诊推拿术，第二代传承人骆俊昌使骆氏腹诊推拿术趋于成熟，第三代传承人骆竞洪等在重庆和深圳使骆氏腹诊推拿术得到迅速发展，第四代传承人骆仲遥等将骆氏腹诊推拿术不断创新并扩展到国外。在骆氏四代传承人的不懈努力下，其独特的诊疗方法早已成为中国推拿医学的一个主要流派，并在理论和实践方面建立起了一个完整的体系。

骆仲遥在全面继承祖传技艺的基础上，与时俱进，不断创新，丰富和发展了骆氏腹诊推拿术，如利用腹诊推拿防治亚健康，应用于保健养生、美容美体等领域；并通过对内对外的交流，使中国传统的腹诊推拿术名扬四海。2008年 10 月，中华中医药学会授予骆仲遥教授"全国优秀中医健康信使"荣誉称号。

骆仲遥从医 40 多年来，对祖传的 300 多种独特治法，在继承的基础上进行系统整理并加以

骆仲遥（右一）向群众传授骆氏养生保健方法

骆仲遥在马来西亚为患者诊治

创新发展，诊疗领域从内、外、妇、儿等多科的 100 多种病症扩大到亚健康的防治、保健养生、美容美体等领域。

自 20 世纪 80 年代开始，骆仲遥在专业刊物发表用腹诊推拿治疗各类病症的《推拿治法新解》达数十篇，开创了用传统医学和现代医学阐述腹诊推拿治法的局面，在国内推拿界产生了较大影响。

20 世纪 80 年代，骆仲遥即应四川省卫生厅、重庆市卫生局的要求开办推拿培训班，亲自担任培训班班主任兼主讲教师，为四川省和重庆市培养了一批推拿专业人才。2003 年至 2004 年，骆仲遥受聘赴马来西亚担任亚洲传统医药学院客座教授，担任该国有关单位举办的公益健康讲座主讲，向国外医学界宣讲中医腹诊推拿等知识，扩大了中国的腹诊推拿术在国外的影响。

骆竞洪

骆氏腹诊推拿术代表性传承人

骆竞洪，男，1927年出生。随骆氏腹诊推拿第二代传人骆俊昌学习和施行祖传的腹诊推拿医术，1960年调入中国人民解放军第七军医大学西南医院担任推拿医师，为全军首次开办两年制推拿培训班教师，为军队培养了一批推拿专业人才。1989年至今，担任深圳市骆竞洪中医推拿专科诊所负责人。代表性著述有《中医推拿学讲义》、《实用中医推拿学》、《中华推拿医学志·手法源流》、《骆竞洪推拿治病百法》等。2009年被评为市级非物质文化遗产项目代表性传承人。

自清朝末期骆化南创立独特的骆氏腹诊推拿术以来，历经骆氏四代传人的不懈努力，其独特的诊疗方法已经成为中国推拿医学的一个主要流派，并在理论和实践方面建立起了一个完整的体系，在海内外具有较大的影响。骆氏腹诊推拿术是运用腹诊法判断病之表里、寒热、虚实，根据腹诊辨证，选用不同的手法和治法以防治疾病。腹诊方法主要是望诊和触诊，通过观察其腹部形态的变异

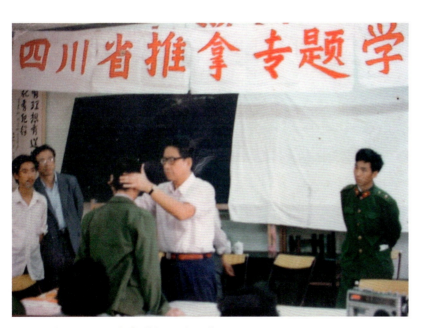

骆竞洪在四川学术会上进行手法示范

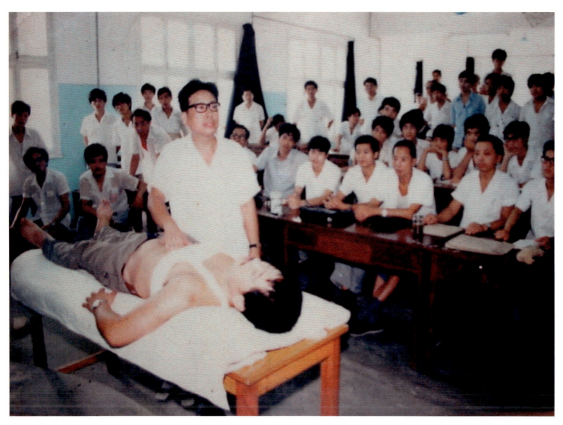

骆竞洪在教学

与触知其腹壁的紧张度及是否有块状、索状、网状等不同情况，提供必要的诊断依据，再按八纲辨证方法判断其表、里、寒、热、虚、实及其与全身的关系，从而确定推拿治则而选用不同的推拿手法与治法。

解放后，骆氏腹诊推拿得到了党和国家、军队的极大重视，骆氏第二、三代传人全部特聘到军医大学工作。"骆家班"打破骆氏腹诊推拿不外传的家训，应总后勤部的要求，于1961年在中国人民解放军第七军医大学首次开办两年制推拿培训班，由骆俊昌和夫人亲自传授，其子骆竞洪等带教，并由骆竞洪编写了《中医推拿学讲义》作为教材，向全军海、陆、空各医院挑选的部分医师传授骆氏腹诊推拿技术。这些学员以后均成为各部队医院的推拿业务骨干。

骆竞洪对腹诊推拿医术的全身各部推拿治法创新发展，从第二代独创的100多种发展到300多种，使腹诊推拿治疗的适应症扩大到包括内、外、妇、儿、五官等多科的 100 多种病症。从 1961 年为全军首次开办推拿培训班，到 20 世纪 80 年代应四川省卫生厅、重庆市卫生局、深圳市卫生局的要求开办推拿培训班，骆竞洪为全军和地方培养了一批推拿专业人才。在培养骆氏腹诊推拿术第四代传人方面，从 1965 年即开始传授技艺给骆仲遥、骆仲达、骆仲逵等人。骆仲遥等传承人通过骆竞洪 40 多年的传帮带，在骆氏腹诊推拿术方面作了进一步发展与创新。

徐业竹

开丁节代表性传承人

徐业竹为开丁节"点灯"

徐业竹，男，1962年出生于海丰梅陇，1984年迁户至深圳市南山区蛇口渔二村。任公司副董事长、总经理。对渔二村的历史、文化、民俗及村内情况非常了解。2008年被评为市级非物质文化遗产项目代表性传承人。

自蛇口渔二村开丁节被列入非物质文化遗产名录以来，在市、区非物质文化遗产保护机构及有关单位的指导和协助下，逐步完善对"开丁节"项目的传承和保护措施，传承人徐业竹在保护及职责履行上做了大量的工作。

开丁节的传统菜茶

开丁节上的舞狮表演

　　徐业竹组织村里德高望重的老村民和热心传统文化的中青年共9人组成"开丁节"活动理事会，负责主持"开丁节"的展开及研讨活动，负责组织参加市、区组织的项目展演展示活动，处理日常有关项目的保护、传承、传习事项，以保证项目传承展示活动的正常开展。

　　渔二村还原"开丁节"活动的传统拜祭仪式，以牌楼为依托搭建祭台，按拜祭规格用三牲礼果、焚香点烛、拜祭天地和祖先；点灯仪式采用传统煤油灯具，由老村民及理事会主持拜祭天地祖先、点灯挂灯、同时燃放鞭炮，舞狮助兴，复原"开丁节"隆重热闹气氛，突出文化遗产项目的传统习俗。

　　徐业竹长期鼓励和支持年轻人开展传习活动，使他们充分了解"开丁节"的历史渊源，熟悉本村传统民俗文化。同时，对每年的活动负责检查，做好每项环节的具体操作与落实，保证活动顺利圆满完成。

徐业竹与开丁节理事会成员拜祖

　　徐业竹在项目结束后做好相关资料的收集、整理及管理工作，建立电子档案，举办一些陈列展览活动。

　　徐业竹作为项目代表性传承人，掌握并承载非物质文化遗产的知识，带领本村年轻人对本项目的历史沿革与承载的文化内涵做更深一步的研究，邀请相关专家与年长知情人召开座谈会，在继承传统习俗的前提下，为这项活动注入健康的文化内涵。

黄英超

黄氏宗亲祭典代表性传承人

　　黄英超，男，1961 年出生，下沙黄氏宗亲总会会长，世界黄氏宗亲会总会副理事长。1992 年，深圳市下沙实业股份有公司成立，任副董事长；1994 年任董事长至今。分别于 2008 年、2011 年被评为市级、省级非物质文化遗产项目代表性传承人。

　　1992 年，黄英超按照祖制和族谱中记载的礼仪，虚心向上一代传承人学习和向村里的老年人请教，逐步恢复了传统的祭祀仪式。1993 春祭即恢复了大盆菜宴；当年又动员下沙及港、澳的黄氏后裔捐款 100 多万元，重修宗祠，恢复了祭祖仪式的场所；2000 年斥资 30 万元，定制了一条 108 米的长龙，建立起下沙村龙狮队，使下沙祭祖习俗得以完全恢复原貌。通过黄英超的不懈努力和积极争取下，在 2008 年重建下沙文化广场，扩大了"下沙祭祖习俗"的主要举办场地，更有效地对"祭祖习俗"进

黄英超带领族人在莲花山黄默堂墓进行墓祭仪式

黄英超在祭祖仪式上焚烧金银衣纸

行保护和传承。2002年2月，设"大盆菜"宴3800桌，宴请世界各地宾客6万多人，成功创造新的吉尼斯世界记录。

下沙祭祖习俗传承了800年，仪式规范，保存完好，具有爱国爱乡、敬老爱老的文化特征，保存了一些濒临失传的传统礼仪，具有重要的历史价值和学术价值；对促进福田与国内外经济文化交流，加强与海外华人、台港澳同胞的紧密联系，增强民族凝聚力，促进祖国统一，具有重要现实价值。

下沙祭祖习俗不是单纯的祭祀活动，而是与舞龙、舞狮、大盆菜宴、民间戏曲和歌舞表演等多种民族民间传统文化活动相结合，是一个大型的、综合性的文化活动。为了使这一非物质文化遗产能够持久传承下去，黄英超注重发动和培养年轻人，他组建龙狮队，发动村里的年轻人都来学；每年祭祀活动，他都安排年轻人参加组织、筹备工作，亲自指导、示范，以使后继有人。每年清明节前，组织下沙耆老在下沙黄思

黄英超在祭祖仪式上奉茶

黄英超带领族人在下沙黄思铭公世祠举行祭祖仪式

铭公世祠举行"下沙祭祖习俗（春祭）"，醒狮助庆，祭典完毕举行大盆菜宴。每年组织安排一系列活动，对"下沙祭祖习俗"进行宣传，活动包括：宣传栏、利用下沙博物馆放映厅和下沙文化广场的两块大型电子屏幕播放宣传片活动、非遗有奖竞猜活动等等。

每年农历九月十五日，组织下沙村民、上梅林村民、上合村村民、香港米铺村村民、香港新界牛墈村村民到莲花山省级文物保护单位黄默堂祖墓进行"下沙祭祖习俗"（墓祭）。

次日，组织下沙耆老、青年在下沙黄思铭公世祠举行"下沙祭祖习俗（秋祭）"，醒狮助庆，祭典完毕举行大盆菜宴。

黄福娣

大鹏追念英烈习俗（大鹏清醮）代表性传承人

黄福娣把祭神的米派给村民，祈愿神明保佑

黄福娣，女，1929 年生，深圳市大鹏街道鹏城人。于 2008 年同时被评为市级、省级非物质文化遗产项目代表性传承人。

黄福娣的高祖是清朝道光年间的福建水师提督刘起龙将军，刘起龙在乾隆末年从大鹏营入伍，至道光年间因缉盗有功官至福建水师提督。黄福娣的祖辈家世显赫，但至父亲一辈却因吸食鸦片导致家道中落。黄福娣出生时被同村黄府的爷爷以 30 银圆买去做孙女，遂改姓黄，名福娣。

黄福娣带领部分理事及村民诵经

黄福娣在放生现场祭拜

　　大鹏追念英烈习俗缘于 600 多年前建筑的大鹏古城，清代刘起龙将军和赖恩爵将军率部属每五年举行一次"打醮"活动，祭祖、祭英烈和祭天后等活动结合一起，全城百姓七天七夜隆重拜祭、巡游古战场遗址。同时，通过舞麒麟、放鞭炮、爬包山、奏八音、演大戏、放灯、将军宴等民俗活动，张扬先人功绩，弘扬民族正气。这一习俗传承至今，已有 180 多年历史。

　　从黄福娣 10 岁起，爷爷就给她讲述清醮的典故和礼仪，后来，正式将太平清醮的所有礼仪程序传授给她。1946 年，黄福娣正式参加"太平清醮"活动，由于勤劳出色，之后每一届"太平清醮"活动她都被长辈提名参加。解放后，历次政治运动和破除迷信活动，使得天后宫被拆毁，"太平清醮"活动没有主要场所而停止，但"太平清醮"的一切细节仍牢记在她心里头。1985 年，由鹏城民间集资重建天后宫；1986 年，大鹏所城恢复了中断了数十年的"太平清醮"活动并专门成立了"醮委会"，黄福娣被选为"醮委会"的委员之一，配合主事工作，负责历时 8 天的习俗活动的总协调。

黄福娣在放生环节祭拜

黄福娣为人热心，加之长期操持清醮礼仪，熟悉活动的全过程和各道程序与环节，从 1991 年至今，她一直担任"醮委会"主事。打醮活动的准备阶段，黄福娣要负责安排各项工作，邀请东山寺的大师前来参加活动和诵经。打醮活动开始后，黄福娣则负责邀请各庙各路神仙移驾天后官，在"阿公巡游"当天负责领路，主持火化"山大佬"，带着年轻一代前往海边进行放生、放灯祈福。

每年农历新年元宵节，黄福娣和"大鹏所城追念先烈习俗"理事代表都会将活动的继承人组织到一起进行传习活动。2012 年，她协助大鹏古城博物馆制作"大鹏所城追念先烈习俗"专题展览，对游客宣传大鹏所城追念抗倭爱国将士英烈的民间习俗，让社会了解到这项非物质文化遗产，认识到保护传承的重要性。

谢玉球

大船坑麒麟舞代表性传承人

谢玉球，男，1963年生于深圳大浪大船坑社区的一个"麒麟世家"。1976年加入大船坑麒麟队，至今已带领大船坑麒麟队成功申报区、市、省、国家级非物质文化遗产代表作名录。分别于2009年、2012年被评为市级、省级非物质文化遗产项目代表性传承人。

棍术表演

大船坑麒麟舞，始于明朝嘉靖年间，至今已有400余年的历史。大船坑舞麒麟由头、尾二人共舞。整个舞麒麟包括麒麟套路和武术表演两个部分。

谢玉球在教授打鼓技艺

谢玉球教授武术套路

大船坑麒麟服全长约6米，首尾呼应，披红挂绿，鲜艳夺目。它们平时存放在麒麟屋内，从不轻易展示，保持严肃和神秘。几百年来作为一种信仰和习俗，新制作好的麒麟还要"开光见青"。"开光"需在月圆星朗的夜晚凌晨时分进行。麒麟队来到预先选择好的古树下面，烧香、供神位，再由麒麟队中最年长者缓缓将麒麟头上的红布揭去，锣鼓敲响、鞭炮齐鸣，意味着麒麟"出生"时便见到了青青的树叶，这就是"开光见青"，是吉祥的象征。

大船坑舞麒麟传承了客家悠久民俗，具有浓郁鲜明的岭南地方特色，表演生动。它集舞蹈表演和武术表演于一身。它的表演套路、武术功夫比较全面，别具一格，是广东深圳传统舞蹈中的一朵奇葩。

谢玉球在传授舞麒麟技艺

谢玉球于十二岁开始随师谢国珠、谢天送学习舞麒麟，是第十一代传承人，较全面、完整地继承了"麒麟舞"套路和表演技法，其武术表演功力深厚，技艺精湛，表现力极强，能使用各种乐器，以司鼓、唢呐吹奏见长，为乐队主要指挥者和参与者，是一位能全面继承、创新发展、扶持后进的非物质文化遗产代表性传承人。

　　大船坑舞麒麟由谢氏家族代代相传，继承和保留了祖先传下来的八节（也就是八套）舞麒麟套路、十套拳术以及十二套刀、棍、叉等武术表演。

　　从 2000 年开始，谢玉球作为大船坑麒麟队的主要负责人，开始授徒，到目前为止已带徒弟 70 余人。为使大船坑舞麒麟能被永久继承下去，谢玉球积极协调有关部门，组织开展"麒麟进校园"活动，把麒麟舞做为学校的培训课程，培养更多舞麒麟的后备人才。作为大船坑麒麟队的现任队长，他还经常带领麒麟队参加政府、企业等举办的演出及比赛，并多次获奖。每年还积极带领麒麟队参加市、区举办的"文化遗产日"、"非遗进社区、进校园"等文化活动，并于民俗节日在大浪辖区内参加春节团拜巡演、社区文化节演出等公益活动，以使舞麒麟习俗能得以更好地传承和宏扬。

欧阳小战

香云纱染整技艺代表性传承人

欧阳小战

欧阳小战，男，生于1970年，1990年随父亲学习香云纱染整技艺，现已熟悉香云纱面料传统发酵、着色工艺全过程。近年来主攻香云纱着色新技术及香云纱服饰系列产品的设计、创新。2009年被评为市级非物质文化遗产项目代表性传承人。

香云纱是目前世界纺织品中唯一使用纯植物与矿物媒染固色的纺织品面料，原产于广东珠三角一带。它主要以蚕丝为原料，在织成纱罗组织织物和平纹丝织物后，再利用植物薯莨茎块的汁液（含有宁胶与单宁酸）多次浸泡曝晒，使织物粘聚一层黄棕色的胶状物质，再用含有氧化铁成分的泥土单面均匀涂布于织物表面，使胶状物逐渐变成黑褐色而成的染织品，俗称"黑胶绸"。因制成的衣服穿着行动时会沙沙作响，故民间又称之为"响云纱"，以后又取其谐音，称为"香云纱"。

香云纱的生产历史悠久。数百年来，香云纱一直由民间手工生产。香云纱由于具有凉爽宜人、易洗快干、色深耐脏、不

欧阳小战展示香云纱面料陈化过程

欧阳小战在香云纱生产基地检查染色质量

欧阳小战介绍香云纱面料生产过程

沾皮肤、轻薄而不易折皱、柔软而富有身骨的特点，特别受到气候炎热而潮湿的沿海地区的青睐。从二十世纪三十年起至九十年代初，香云纱都是我国传统的创汇产品。

2005年，香云莎牌香云纱获得国家质监局颁发的原产地地理标志，这是深圳市首家获此殊荣。

作为《香云纱染整技艺》传承保护单位的深圳市香云莎服饰有限公司，积极响应非遗主管部门的指导精神，于2008年12月开始规划建设深圳香云纱传习馆。集展示、体验、交易为一体的深圳非遗首家传承展示馆，从2010年10月至2011年10月31日，共接待国内游客近5000人次，国内外参观团共200多团次，为宏扬本土文化和让市民了解非遗和参与保护非遗起到重要作用。为了使《香云纱染整技艺》保护传承工作有组织、有计划地实施，在市、区文化部门大力支持下，目前正在筹建深圳香云纱博物馆。

廖瑞光

黎围舞麒麟代表性传承人

廖瑞光，男，1969年出生，1999年参加深圳市新村实业股份有限公司麒麟队（黎围麒麟），师承黄福庆。2000年接任为麒麟队队长。2008年被评为市级非物质文化遗产项目代表性传承人。

黎围麒麟创于清朝光绪二十三年（公元1906年），从创始人郑虎臣、郑耀臣兄弟始到现在已传承了五代。全套共10节，分出洞、挠头、舔脚、耍尾、寻青、采青、醉青、铲脚、拜脚和"聊花园"等，其中"摆水"为最高技巧，舞者只用牙咬住麒麟"下巴梁"，固定整个麒麟头。舞者运气，双手抓住麒麟被，单腿企立，昂首生威。舞起来有乌鸦

2013年参加深圳市首届麒麟文化节开幕式

晒羽、猛虎下山和胶龙出水等技名，观赏性为最强。

廖瑞光作为黎围舞麒麟的传人，熟练掌握了黎围麒麟舞的整套动作，努力专研，发掘队伍潜力，同时也极力融入麒麟圈子，带领麒麟队走出村，到佛山黄飞鸿狮队去进行艺术交流和学习，经常走访坪山、龙岗、板田、布吉等地，与当地的麒麟队相互交流，虚心学习别人技术，取各门各派之所长。2001年，廖瑞光带领黎围麒麟队参加深圳市第一届龙、狮、麒麟比赛，以自编比赛套路勇夺第一名。

2013 年年初一全体麒麟队队员在新村小广场　2012 年外出表演
给村民拜年

　　为了将麒麟舞更好地传承下去，廖瑞光在改进麒麟舞套路动作的同时，积极地传教弟子。为吸引更多的人来关注和学习舞麒麟，廖瑞光经常将与麒麟有关的历史故事灌输给大家，使他们更有学习的兴趣和热情。每年年初一，廖瑞光就会带领弟子按新村传统参拜每一个村民的家门，并在小广场上表演（包括功夫等）。除本村固定的表演活动外，新村麒麟队也应周边友好村的邀请前去舞麒麟，庆贺新年。新村麒麟队也时常受邀参加各社团、单位的庆典活动。每年罗湖区体育节的开幕和闭幕表演上亦

2013 年在深圳市首届麒麟文化节上表演麒麟舞

必有黎围麒麟，深受领导好评。通过经常活动和表演，关于新村麒麟已有一定名声，从 2001 年起至今，关于新村麒麟的报道经常出现在报刊和电视上。

2008 年，新村麒麟队（黎围麒麟）的报道，成功获得代表深圳市参加在惠州小金口举办的广东省麒麟舞大赛的资格，取得银奖。同时，廖瑞光也参加了本次大赛举办的广东（东江）麒麟文化研讨会，与众多麒麟队进行了理论上的交流。2013 年 1 月，在深圳市举办第一届麒麟文化节上，黎围麒麟应邀汇演，成为仅有五支省级以上队伍之一。

除积极传承、扩大影响外，为更好地保护黎围麒麟舞，廖瑞光还配合相关单位精心编写麒麟舞的申报材料，成功将其列入省级非物质文化遗产名录。作为传承人，廖瑞光明白自己身上的传承使命，无论什么时候都在为新村麒麟的发展奉献力量。

潘强恩

万丰粤剧代表性传承人

潘强恩

潘强恩，男，1944 年出生，担任过深圳宝安区沙井镇万丰村党支部书记、万丰（集团）股份有限公司董事长等职务，现担任深圳市股份合作经济组织联合会会长。著有长篇小说《浴血青山》、《森严壁垒》等，与刘强、周文炳、萧柱荣共同创作大型粤剧《大潮》、《桥舫》、《血色樱花》、《爱在青山》、《素秋》。2008 年被评为市级非物质文化遗产项目代表性传承人。

潘强恩从小就酷爱粤剧，师承潘荣耀，演出过《捉鸭风波》、《补锅》，在革命样板戏《红灯记》中饰演鸠山，《沙家浜》中饰演刁德一。

1987 年，在潘强恩的倡导下，万丰成立了万丰粤乐社，由村委拨专款购置了一批行头。万丰粤乐社平时即在万丰广场演出粤剧传统剧目。1998 年万丰粤剧团挂牌成立，成为当时深圳乃至广东省唯一的村级专业艺术表演团体。

在潘强恩的支持与参与下，万丰粤剧团不仅演出一些传统剧目，还新

2010 年潘强恩与国家一级导演邹文耀合影

创作了一批现代粤剧。其中最为突出的是根据潘强恩的小说《新桃源梦》改编的的大型现代粤剧《大潮》。此剧在深圳凤凰剧场首场演出时，全国40余名戏剧专家专程赶来观看，并给予了肯定。1998年，应文化部邀请，反映深圳农村改革的大型现代粤剧《大潮》晋京演出，受到了中央高层领导人的接见并观看演出。之后，粤剧《大潮》被评为"优秀剧目"，"特区保留节目"。在中国共产党第十六次代表大会召开期间，由广东省人民政府两度派专机接送至北京演出，并获得"全国群星金奖"。20年来，万

潘强恩、罗惠芬与邹文耀照片

2011年在深圳市粤剧团演出后合影（中间为潘强恩，右1为李翠翠，左1为吴晓艺）

丰粤剧团荣获三个国家大奖。《桥觞》获第十一届"全国人口文化金奖"，由文化部、中宣部、广电部等8个机构联合颁布。《血色樱花》在2010年获得"中国人口文化铜奖"。《武松与金莲》、《爱在青山》及前面所提及的几部大戏均上了中央电视台并向全国播放。

万丰粤剧团培养了十几个名演员，有黄楚凡、黄宇明、陈圆进、邓晓云、古达、姚宁等名角，如今在其他粤剧团担任主角，姚宁成为广东粤剧学校的老师。副团长罗惠芬夫妇十八年来一直在万丰粤剧团工作，没有离开过。

多年来，万丰粤剧团始终坚持贯彻"百花齐放、百家齐鸣"的方针和"为人民服务，为社会主义服务"的方向，扎根农村，面向基层，赢得了群众的赞赏，也得到了各级政府的关怀。

责任印制：梁秋卉

责任编辑：张小舟

图书在版编目（ＣＩＰ）数据

深圳市第二批市级非物质文化遗产代表性项目名录
深圳市第一第二批市级非物质文化遗产代表性传承人名录／
深圳市文体旅游局主编． -- 北京：文物出版社，
2014.12
ISBN 978-7-5010-4168-8

Ⅰ．①深… Ⅱ．①深… Ⅲ．①文化遗产－深圳市－
名录②民间艺人－人名录－深圳市－现代 Ⅳ．
① K296.53-62 ② K825.7-61

中国版本图书馆CIP数据核字(2014)第274401号

深圳市第二批市级非物质文化遗产代表性项目名录
深圳市第一第二批市级非物质文化遗产代表性传承人名录

编　　者：深圳市文体旅游局

出版发行：文物出版社

社　　址：北京市东直门内北小街 2 号楼

网　　址：http://www.wenwu.com

邮　　箱：web@wenwu .com

经　　销：新华书店

印　　制：雅昌文化（集团）有限公司

开　　本：635×965 毫米　1/16

印　　张：14

版　　次：2014 年 12 月第 1 版

印　　次：2014 年 12 月第 1 次印刷

书　　号：ISBN 978-7-5010-4168-8

定　　价：280.00 元